WINE

와인 읽어주는 남자

장대호

WINE

와인 읽어주는 남자

장대호

이 책은 그동안 내가 와인을 직간접적으로 다루고 마시면서 느꼈던
아주 솔직하고 담백한 이야기이다.
책에는 '와인은 인류 최고의 술이야' 와 같은 와인의
화려한 이미지와 허영을 담기보다는
와인 그 자체의 술에 대해 좀 더 많이 이야기하려고 했다.

솔과학

추천사

와인하면 샹들리에 은은한 조명 아래 근사한 음식이 있어야만 할 것 같은 고정관념이 있었다. 하지만 '와인 읽어주는 남자'를 통해 가격과 점수는 편견이며 가장 맛있게 와인을 즐기는 방법은 사랑하는 이와 마시는 와인이라는 걸 알았다. 오늘 저녁, 가벼운 마음으로 사랑하는 사람과 와인 한 잔을 하고 싶다.

– 임보라 작가 〈엄마의 공부방〉 저자 –

와인에 관심과 함께 거리감도 있었다. 관심이 지식으로 이어졌으나, 지식은 무거운 격식과 공식이 되어 오히려 와인의 맛을 즐길 수 없게 만들었기 때문이다. 얽매인 것이다. '와인 읽어주는 남자'는 이런 나에게 선물이다. 이 책은 딱딱한 규칙에 얽매이게 하는 지식이 아닌, 와인을 즐기기 위한 정보와 이야기를 담고 있다. 자연스레 내 얽매임을 풀어냈다. 이제 와인의 깊은 맛을 가볍게 즐길 수 있겠다는 자신감이 생긴다. 오늘 저녁 와인 한 병 사러 갈 것이다.

– 포텐업 이태화 대표 〈블로그 마케팅의 모든 것〉 저자 –

코리아 소믈리에 오브 더 이어 top10 소믈리에라는 타이틀이 주는 신뢰감과 그의 나이에서 오는 젊은 감각이 돋보이는 책이다. 와인업계에서 종사한 사람으로서 그의 솔직한 이야기에 공감이 갔다. 술술 읽히고 재미있으면서도 기본적으로 알아야 할 내용들에 대한 기초를 쌓기에 충분하다.

– 시사와인 이나윤 편집장 〈팟캐스트 빨간와인〉 진행 –

프롤로그

이 책은 그동안 내가 와인을 직간접적으로 다루고 마시면서 느꼈던 아주 솔직하고 담백한 이야기이다. 책에는 '와인은 인류 최고의 술이야' 와 같은 와인의 화려한 이미지와 허영을 담기보다는 와인 그 자체의 술에 대해 좀 더 많이 이야기하려고 했다. 와인을 주제로 글을 쓴다면 아마 쓰기에 따라 엄청난 지면이 필요할 수도 있을 것이다. 와인이라는 그 방대한 주제를 잘 정리해서 어렵고 세세하게 파고들기보다 조금 더 큰 맥락으로 접근을 해서 큰 흐름을 잡도록 글을 썼다.

Part.1 – 와인, 읽어주기 전에
Part.2 – 신의 물방울에서 식탁의 물방울로
Part.3 – 테이스팅, 간략하고도 전략적인 활용법
Part.4 – 와인 맛의 근원 품종 이해하기
Part.5 – 와인 12산지 지식 여행

책의 파트는 총 5개로 나누어지며 매 파트마다 내가 담고자 했던 의미와 이야기가 독자분들에게 잘 전달되었으면 한다. 첫 번째 파트에서는 나의 와인 이야기와 내가 생각하는 와인에 대한 의미를 잘 엿볼 수 있을 것이고, 두 번째 파트에서는 와인에 관해 궁금하고 흥미로울만한 기본적인 지식 전달에 충실했다. 세 번째 파트는 와인을 마시는 모두가 잘 알고 싶고 궁금해 하는 테이스팅에 대해 유용한 노하우를 많이 담았다. 네 번째 파트는 마트나 샵에서 가장 많이 접할 수 있는 품종을 선별해 다루었고 와인 스타일을 크게 나누어 맛에 대한 접근을 쉽게 할 수 있도록 했다. 마지막 파트는 와인 생산 지역을 다루고 역사나 기후, 토양 등의 내용은 조금 배제하였으며 지역과 그 와인을 설명하는 화려만 미사여구 역시 많이 줄였다. 정말 핵심적인 내용만을 정리해서 생산지에 대한 주요 특징을 잘 전달할 수 있도록 노력했다.

어떤 관심 있는 분야를 공부할 때는 늘 책을 찾아보게 된다. 그 분야에 관련된 아주 다양한 서적이 많지만 시선이 가는 책은 늘 지금 내가 필요한 지식과 정보를 잘 담고 있는 책이다. 와인을 한창 배우기 시작했을 때 많은 책을 봤지만 여전히 와인은 내게 어렵게 다가왔다. 그때 우연히 캐빈즈랠리의 와인 바이블이란 책을 보게 되었는데 처음 읽는 순간부터 묘한 짜릿함과 스릴감을 안겨 주었다. 책의 내용과 구성이 좋고 내가 딱 필요할 만큼의 지식과 정보를 다루어주어서 필요할 때마다 매번 그 책을 찾아보곤 했다.

이 책도 그런 책이 되었으면 좋겠다. 모든 사람을 만족시킬 수는 없겠지만 최소한 와인을 어느 정도 알고 싶다는 마음이 드는 사람이 이 책을 다 읽고 덮었을 때 꽤 마음에 드는 책으로 기억 되었으면 한다. 내가 캐빈즈랠리의 와인 바이블을 읽고 느꼈던 그 감정을 고스란히 느꼈으면 좋겠다는 바람을 가져본다.

또 언젠가 독자와 내가 만나 맛있는 와인을 담은 잔을 부딪히며 소중한 순간을 만들어 나갈 수 있기를 간절히 바라면서 이제 와인을 당신에게 읽어주러 간다.

CONTENTS

〈와인 마시는 순서〉

화이트 와인에서 레드 와인
가벼운 와인에서 무거운 와인
도수가 낮은 와인에서 높은 와인
드라이한 와인에서 스위트한 와인

보통 와인 마시는 순서는 위와 같지만
누가 뭐라하든 내가 마시고 싶은 것 먼저 마시는 게 정답이다.

Wine

와인 읽어주는 남자

Part. 1

와인, 읽어주기 전에

20살, 소주 대신 와인을 만나다
소믈리에는 서비스를 하는 사람이다
와인은 꽤 괜찮은 알코올이자 지극히 기호음료이다
보고 듣고 마시고 느낀 지난 삶의 결론
잊지 못 할 와인 첫 번째 – 떼땅져(Taittinger)

Part. 1

와인, 읽어주기 전에

20살, 소주 대신 와인을 만나다

내가 처음 와인을 마신 것은 20살, 대학교 1학년 학교 강의실에서였다. 고3 시절 대학교 선택을 앞두고 있던 나는 학교 선택 두 달 전까지 단 한 번도 생각하지 않은 와인을 전공으로 선택했다. 그때는 꽤 이름있는 대학교의 심리학과를 진학하고 싶은 욕심이 있었지만 어디 인생이 내 계획대로 흘러가는 것이 있던가.

나를 포함한 아주 많은 이들이 수능이라는 시험 제도 앞에 원치 않는 결과를 맛봤겠지만 어쨌든 그 당시 원하는 학교에 갈 것인가 아니면 새로운 곳을 찾아볼 것인가의 선택은 끝내 새로운 곳을 찾는 것이었다. 그때는 나름대로 심리학에 꿈과 욕심이 있다고 생각했지만 지금 돌이켜보면 그렇게 욕심이 있었던 것도 아니었던 것 같다. 그랬다면 다른 학교의 심리학과에 가지 않았을까? 다행인지 불행인지 겨우 그 한 번의 선택으로 나의 20대가 어떻게 흘러갈지 자연스럽게 결정되었다.

그러고 보면 20살이 되기 전 그 한 번의 선택 때문에 인생의 방향이 참 많이 달라지는 것 같기도 하다. 그러니 이토록 좋은 학교 선택에 목숨을 거는 것이 아닐까란 생각이 지나고 나니 슬며시 든다.

새로운 선택의 결과는 와인이었다. 내가 그때 왜 와인을 선택했는지는 아직도 아이러니하지만 어떻게 와인이라는 술을 선택하게 되었는지 보면 책의 영향이 컸던 것 같다. 우연찮게 찾아보고 읽게 된 와인 책들이 있었는데 그 책들을 읽으면서 와인을 와인이 어떤 술이고, 어떻게 마시며, 어떤 종류가 있는지 많이 알게 됨과 동시에 와인을 배워야겠다는 생각을 확실히 하게 되었던 것 같다. 하지만 '까베르네 쇼비뇽', '그랑 크뤼 클라쎄' 등 지금은 너무나 일상적인 말들이지만 그때는 와인 한번 제대로 마셔본 적이 없었는데 이런 생소한 용어들을 보면서 나는 아마도 책 내용을 절반도 이해하지 못하지 않았을까? 어쩌면 이미 마음은 와인을 배우겠다고 결정을 내려놓고 그 결정을 합리화해줄 만한 이유를 책에서 찾은 것일지도 모른다.

책 말고도 불확실한 결정에 불안했던지 당시 프랑스 BP 소믈리에(프랑스 정부에서 인증하는 최고 권위의 소믈리에)를 한국인으로 처음 인정

받은 분의 싸이월드를 찾아 연락을 드리고 조언을 구했다. 그분을 롤모델로 정해서 10년 후에는 나도 저런 사람이 되어있어야 한다는 마음을 확고히 가졌다. 지금 그분은 유기농 와인을 수입하는 수입사의 대표로 있으며 실제로 2016년에 처음 만났다. 1년에 한두 차례씩 연락을 주고받았는데 실제로 본 것은 2016년이 처음이었다. 그게 7년 만에 보는 것이었다. 모르긴 몰라도 당시 아무것도 모르던 19살 고등학생이 지금 이렇게 책으로 와인 이야기를 하는 것을 보면 그분으로서는 나름 대견하다는 생각은 하지 않을까?

그렇게 나는 와인을 선택하고, 파릇하고 어색한 친구들 사이에 끼어 대학교라는 곳에 입학했다. 학교 강의실에서 술을 대놓고 마셔도 되느냐란 생각을 하면서 내 인생에서 처음 와인을 맛봤다. 혀를 조이는 거칠거칠한 맛과 쓴맛 정말 맛이 없었다. 처음 와인을 마신 그날 진지하게 자퇴를 할까까지 고민을 했다. 물론 자퇴를 하지는 않았지만, 다행히 매일매일 3종류 이상의 와인을 테이스팅 하면서 와인이란 술에 나도 모르게 익숙해져 갔다. 대학생이 되어 많은 술자리가 생기고 또 술맛을 알아가니 와인은 아주 매력적인 술이었다. 술 자체를 잘 마시지 못하는 탓에 나는 소주를 가까이하지 않는다. 술을 잘 못하는 사람들은 대개 맛이 잘 느껴지는 술을 좋아한다.

와인이 그런 술이었다. 향이 다채롭냐느니 천천히 즐길 수 있다느니 사람과 대화를 할 수 있는 술이니 이런 번지르르한 이유 말고 정말 술맛이 맛있게 느껴지는 술이기 때문에 와인은 특히 내게 매력적으로 다가왔다. 그렇게 내 고등학교 친구들은 모두 어깨춤을 들썩이며 소주란 술에서 헤어 나오지 못하고 있을 때 나는 제법 고상하게 잔을 돌리며 와인이란 술에 빠져들기 시작했다.

소믈리에는 서비스를 하는 사람이다

내 20대 초반의 아르바이트와 직업은 대부분 와인과 관련 있었다. 아무래도 학교에서 와인을 배웠다 보니 실제 현장에서 와인을 써먹고 싶은 마음이 컸다. 처음 와인 관련된 일을 한 것은 군 전역을 하고 나서였다. 그때 나는 와인을 하는 사람이 우리나라 술은 기본으로 알고 있어야 된다는 생각에 전국을 돌며 그 지역의 막걸리는 마셔보는 여행을 계획했다. 그 경비를 모으려고 평일에는 이태리 레스토랑을 주말에는 백화점 와인샵에서 월요일부터 일요일까지 쉬지 않고 세 달을 넘게 일했다. 아마 다시 일주일 내내 일을 하라고 하면 절대로 하지 않을 것이다. 삶의 낙은 일과 여가의 적절한 균형이 대치되었을 때 가능하다는 것을 그때 깨달았기 때문이다. 아무튼 평일에는 홀 서비스를 주말에는 판매를 하면서 학교에서만 배우던 와인을 직접 다루게 되었다. 이후에도 호텔, 수입사 등에서 작게 작게 아르바이트를 하면서 학교를 졸업함과 동시에 나는 서울로 그리고 소믈리에로 일을 시작하게 되었다.

소믈리에는 다양한 사전적인 의미가 있지만 바나 레스토랑에서 식음료를 책임지는 사람이다. 사실 한국에서는 아직까지 소믈리에라는 직업의 의미가 명확하지 않다. 아니 의미는 명확하지만 실제 현장에서의 구분이 명확하지 않은 게 정확한 판단일 것 같다. 소믈리에는 결국 서버 안에 포함되는 직업이지만 프랑스 등과 와인 생산국이나 시장의 규모가 큰 나라들은 서버와 소믈리에의 개념이 구분 된다. 하지만 아직 한국에서는 그 구분이 형식적일 뿐더러 그 역할이 크게 다르지 않다. 역시 현실은 학교에서 배운 것만큼이나 와인이 달콤하지 않았다. 대개 학교라는 공간은 솔직하지 못하다. 소믈리에의 본질 서비스보다는 겉 포장된 멋진 이미지와 화려함을 강조하는 식이 많다. 근본적으로 누구를 스승으로 두냐에 따라 달라지는 문제지만 소믈리에과가 아닌 홀 서버과 혹은 웨이터과가 되었을 때 과연 이 과에 입학하는 사람은 몇 명이나 있을까?

나는 소믈리에로 일을 하면서 손님에게 와인을 추천하고 손님이 만족하는 모습을 보면서 굉장히 큰 보람을 느꼈다. 와인에 대한 여러 피드백을 하는 과정에 정말 즐거웠지만 그 즐거운 시간만큼이나 회의감을 느끼는 시간도 많았다. 쉽게 마셔보지 못 할 와인을 아무렇지 않게 마시는 사람들을 본다거나 그래도 와인을 좋아하고 사랑하는 내가 정작 5만 원짜리 와인 한 병 구매하는 것을 일주일치 식비와 비교하며 망설이는 모습을 보는 것은 나를 상당히 괴리감 들게 했다. 물론 나는 서울에서 자취를 했기에 더욱 그런한 측면이 컸다. 또, 서비스를 받은 손님이 감사의 의미로 좋은 와인 한 잔을 건네주신 것을 네 다섯 명이서 테이스팅 한답시고 우르르 몰려드는 걸 누군가는 배움의 기회이자 공부라고 생각하겠지만 나는 그 배움의 기회 속에서 상대적 박탈감을 느끼며 허탈함을 느꼈다. 그 박탈감과 허무함을 타고 올라가면 역시 가장 주된 원인은 서비스업에 대한 인식과 전문성 대우가 굉장히 열악하다는 점이었다.

완전히 같은 비교가 될 수는 없겠지만, 기차 안에서 승객을 안내하고, 간식거리를 판매하면서 승객의 편의를 위해 노력하는 승무원, 비행기 안에서 승객의 안전을 책임지고, 식사와 와인을 준비하면서 승객의 편의를 위해 노력하는 스튜어디스, 호텔에 오는 고객을 위해 객실을 안내하고 맛있는 식사와 편의를 제공하기 위해 노력하는 호텔리어. 그리고 레스토랑 혹은 바에서 손님에게 맛있는 음식을 제공하고 맛있는 와인으로 행복을 느낄 수 있게 노력하는 서버들의 본질은 전혀 다르지 않다. 하지만 유난히도 대한민국에서는 비행기, 기차, 호텔 안에서 서비스하는 사람은 꽤 근사한 사람이고 홀이라는 가장 일상과 맞닿은 공간에서 서비스하는 사람은 '아무나 할 수 있는 일', '조금 막 대해도 상관없는 사람들' 등 상대를 조금 낮추어 보는 시각을 가진 경향이 많다.

우리는 서비스를 파는 것이지 인격을 파는 것이 아니다. 서비스는 쉽게 생각하면 응대-판매 두 가지의 과정을 거치는 아주 단순한 일이지만 하나씩 파고들면 결코 단순한 것이 없었다. 손님을 맞이하는 순간부터 손님이 나가는 순간까지 아주 많은 공부가 필요한 직업이다. 내부적으로는 업장의 경영을 위한 경제, 경영 공부가 필요하고 성장을 위한 사회, 문화, 트렌드가 어떤 식으로 흘러가는지 파악하고 있어야 하며 가게 안의 분위기 음식, 술을 어떤 식으로 어떤 감성으로 손님을 자극할 것인지 대한 마케팅에 관한 공부도 필요하다.

외부적으로는 손님의 기분이 어떤지, 무엇을 원하고 있는지 손님을 보고 파악할 수 있는 심리적인 공부, 대화를 통해 최대한 만족을 줄 수 있는 화술, 판매 증진을 위한 업셀링 공부까지 하나씩 파고들면 이 모든 일련의 과정들이 판대-응대라는 단순한 과정에 이루어지는 절대 쉽지 않은 작은 비즈니스를 하는 직업이다.

세부적으로 나누어보면 이토록 많은 전문성을 요구하는 직업임에도 그만한 대우와 처우를 못 받고 있는 것을 부정할 수 없는 현실이기도 하다. 당장에 바뀌기는 많이 힘들다는 것을 잘 안다. 하지만 과거보다 나아졌느니 이런 어이없는 비교가 아닌 상식적으로 좀 더 나은 환경에서 근무할 수 있는 제도적 장치가 생기고 인식이 변할 수 있기를 더 간절히 빌어본다.

와인은 꽤 괜찮은 알코올이자 지극히 기호음료이다

와인은 기호음료이다. 모든 기호식품이 그렇듯 와인도 지극히 취향에 따라 호불호가 갈리는 술이다. 하지만 아직 한국에서만큼은 와인은 하나의 기호음료로써 제대로 된 인정을 받고 있지 못한다. 와인을 마시는 데 너무나 불편한 규칙들이 많다. 특히 와인은 책이나 강연으로 많은 사람이 학습된 술이라 그런지 한국에서 와인을 마시는 건 지나치게 형식을 강조하는 경우를 많이 보곤 한다.

사실 나도 몇 년 전만 해도 와인이 기호음료라는 것을 머리로는 이해해도 가슴으로 온전히 받아들이지 못했다. 와인에 물이나 얼음을 타 마신다거나, 이론적으로 매칭이 맞지 않는 음식과 와인을 즐긴다거나, 그랑 크뤼 안에 소주를 타 마시는 사람을 보고 조금 심하게 말하면 상식도 없고 교양도 없고 와인을 아예 모르는 사람이라 생각했다. 그러나 정작 와인을 모르는 것은 나였다. 지금 생각해도 그랑크뤼 와인에 소주를 타 마시는 건 좀 심하지 않나 라는 생각도 하지만 지극히 개인이 즐기고 싶은 대로 즐기면 되기에 잘못된 것은 아니라 생각한다. 학교에서 빠졌던 와인의 환상 속에서 벗어나지 못했던 건지 와인이라는 술에 너무 낭만을 가졌던 것인지는 모르겠지만 이런 편견과 선입견은 서울에서 소믈리에로 일을 하면서 나를 이끌어 주셨던 업장 매니저님 덕분에 많이 깨질 수 있었다.

어느 한 날은 손님께서 업장에서 파는 바비큐 메뉴를 고르고 드라이한(달지 않은) 레드 와인과 디저트(달콤한 와인) 와인 한 병을 추천해달라고 하셨다. 여차여차 설명을 드리면서 추천을 끝내고 당연히 레드 와인을 먼저 오픈해드리려고 하는데 달콤한 와인 먼저 드시겠다고 하셨다. 바비큐는 드라이한 레드 와인과 먼저 드시고 디저트 와인은 나중에 드시면 좋겠다고 또 여차여차 설명을 드렸지만 끝내 달콤한 와인과 바비큐를 드시겠다 하셔서 그렇게 준비를 해드렸다. 함께 일하던 직원들과 '왜 저렇게 마시냐' 라는 이야기를 하는 도중에 매니저님이 한 마디 하셨다. "디저트를 그냥 먼저 먹는다고 생각하자" 나름 학구파로 똘똘 뭉친 철저한 이론에 입각한 직원들이었기에 매니저님이 우리들을 설득하려 넌지시 던진 한마디였지만, 그 한마디가 계속 머릿속에 맴돌았다.

그 일이 있고 얼마 지나지 않아 어느 날에는 한 손님이 얼음을 가져달라고 하셨다. 얼음을 가져다 드리니 레드 와인에 얼음을 타 마시는 것이었다. 이해할 수 없었다. 가격도 꽤 비싼 와인이었는데 왜 저 맛있는 레드 와인에 얼음을 타 마시냐며 불평을 조금 했더니 매니저님이 "저분에게는 저렇게 마시는 게 맛있으니 그런 거 아닐까?"라고 넌지시 한마디를 던져주셨다. 그때는 정말 그동안 학습되어온 와인에 대한 이론이 모두 깨부숴지는 것 같은 기분이 들었다.

그랬다. 우리가 와인을 마시는 이유는 어떤 와인이든 그 와인을 맛있게 마시기 위함이지 마치 정해진 규칙에 따라 마시려고 하는 것이 아니다. 꽤 많은 시간 와인 공부를 했지만 나는 기호에 따라 즐기는 음료를 기준에 따라 즐기는 음료로 받아들이고 있었던 것이다.

그 두 번의 일 이후로는 나 스스로 와인을 대하는 게 많이 달라졌다. 조금 더 여러 관점으로 와인을 바라볼 수 있었다. 와인 한 병을 가지고 누군가는 아직 신의 물방울, 열정의 물방울이라 칭하며 온갖 찬양을 하겠지만 나는 이제야 비로소 그것을 넘어 한 끼의 식사를 빛내주고 사람과의 즐거운 시간을 만들어주는 꽤 괜찮은 알코올로 와인을 바라볼 수 있게 되었다.

보고 듣고 마시고 느낀 지난 삶의 결론

한국에서도 와인 문화가 많이 발전되었다고는 하지만 어딜 보나 와인은 아직까지는 일상에서 편하게 즐기는 술은 아니다. 와인 문화 자체가 덜 정착되었고 가격의 부담이 나를 비롯한 일반 소비자들에게 부담스럽다. 또 우리나라는 소주라는 우리 정서에 너무나 잘 맞는 술이 있어 굳이 가격 부담을 해가며 와인을 소비하기에는 크게 합리적이지 못하다고 생각하는 사람도 많다.

소주 역시 해외에 나가면 가격이 몇 배로 뛴다. 같은 이치다. 아직 한국의 와인 시장이 작기도 하고 와인을 수입하기에 가격에 관해서는 어쩔 수 없는 부분도 있다. 그렇지만 지금의 주류세 제도가 사실 썩 괜찮아 보이지는 않는다. 우리나라는 세금이 가격에 따라 비례하는 종가세 방식을 채택하고 있다. 와인 가격이 비쌀수록 세금도 비싸진다. 현재 수입된 와인에 붙는 세금은 68%이다. 주세, 관세, 교육세 등등 다양한 세금이 붙고 거기다 각 수입사와 판매처의 마진을 더한다면 와인 가격은 손쉽게 배로

띄어버린다. 같은 와인일지라도 외국과 비교해본다면 어쩔 수 없는 부분을 인정하더라도 많이 씁쓸해지는 게 현실이다.

보다 월등한 경제 성장을 이루어 국민 소득이 높아진다거나 주류세가 바뀐다거나 하지 않는다면 아마 앞으로도 와인 문화가 대중화되기는 쉬워 보이지 않는다. 크고 작은 와인 수입사들이 문을 닫고 있는 지금 그 상황은 더 열악하기만 하다. 어쩌면 내가 죽을 때까지도 지금과 별반 다르지 않을 수 있겠다는 생각이 들기도 한다. 그런 상황이지만 그럼에도 와인이라는 술이 가지는 향과 맛 그 매력은 충분하다.

제도적인 부분은 그렇다 치고 우리가 와인을 보는 시선이나 관점은 약간의 노력으로도 충분히 바꿀 수 있다. 와인이 조금 더 대중화되고 일상에서 평범하게 즐기는 술이 되려면 지금보다는 와인에 끼인 허영을 조금 빼버리고 잘못 알려진 지식과 정보가 마구잡이 식으로 퍼지기를 막고 마냥 와인만이 최고의 술이라는 시선이 아닌 우리의 식탁을 빛내주는 괜찮은 알코올로 생각하는 관점이 필요하지 않을까.

처음 와인을 접한 순간부터 지금까지 어느덧 7년이 가까운 시간이 흘렀다. 다행히 책을 가까이하는 편이라 그동안 국내에 출판된 와인 관련 서적은 거의 다 읽었다. 국내에 와인 책은 그리 많이 출판된 것은 아니지만 그래도 매년 외국서적 번역판을 포함해 국내 저자들이 쓴 책들이 2~3권씩은 출판되고 있다. 책을 읽으면서도 와인에 관한 다양한 저자들의 생각을 엿볼 수 있다. 누군가는 어떤 부분에서 긍정적인 시선을 보내고 누군가는 부정적인 시선을 보내며 글을 쓴다. 저마다의 관점으로 다양한 의견이 나오는 글을 읽으며 나 역시 한번 더 생각해보게 되고 내 의견을 정리하게 된다.

지금 이 책도 그렇다. 대학교 1학년 때부터 와인을 마셔가며 공부하고 때로는 홀 서버로 때로는 어드바이저로 때로는 소믈리에, 때로는 기자로 불리며 와인을 보고 듣고 마시고 난 지난 삶의 결론을 표현한 것이다. 그럼 이제 본격적으로 와인을 읽으러 가보자.

떼땅져
(Taittinger)

누구에게나 인생을 살아가면서 잊지 못 할 와인들이 있다. 나 역시 지금껏 와인을 마셔오고 즐기면서 지워지지 않고 오래도록 기억에 남을 와인들이 있는데, 그 첫 번째 와인은 프랑스 샴페인 떼땅져(Taittinger)이다. 떼땅져 샴페인이 내 기억 속에 오래 남은 이유는 사실 와인 그 자체 때문은 아니다. 내가 아닌 이 와인을 정말로 좋아했던 분들 때문이다.

소믈리에로 일을 하다 보면 많은 사람들을 만나고 자주 오시는 분들과는 특히 더 친분이 자연스레 쌓이기도 한다. 그렇게 친해진 많은 분들이 있는데 그중에서 특히 내 기억에 남는 분들이 있다.

내가 일했던 곳은 유난히 단골손님들이 많은 와인 바였다. 와인 바가 만들어지고 15년이 넘는 시간이 지나도록 그 자리를 지키고 있었기에 10년 단골은 예사고 오픈하자마자 단골이 되어 아직까지 찾아주시는 손님들이 꽤 많은 곳이었다.

그중에 가장 단골이라고 할 수 있는 두 분이 계셨는데 그분들은 일주일에 4번 이상은 꼭 찾아주셨다. 이분들이 바로 떼땅져를 좋아하시는 분들이고 나에게 떼땅져 샴페인을 오래도록 기억하게 해준 분들이다. 이 두 분은 커플로 오래도록 함께 만나오면서 와인을 즐기셨다. 매너도 대단히 좋아 직원 모두와 친분 관계를 맺고 있었고 직원들이 자신들의 일상도 스스럼없이 이야기하고 나눌 수 있는 가족같이 편한 분들이었다.

나는 그분들을 보면서 저렇게 나이 들고 싶다는 생각을 참 많이 했다. 서로를 아끼고 배려하고 오래도록 만나는 모습을 보면서 나보다 물론 연배는 한참 많으시지만 참 예쁘고 아름답다는 생각을 했다. 보통 오시면 와인 2~3병 정도를 드셨는데 오시기 전에 항상 하시는 주문이 있었다. '떼땅져 샴페인을 시원하게 해주세요' 갑자기 떼땅져가 어느새 칠링 되고 있는 모습이 보이면 '아 이 두 분이 곧 오시는구나' 단번에 알 수 있었다. 언제나 와인 시작을 떼땅져 샴페인으로 하셨는데 내가 일을 하기 시작하고 그만둘 때까지 늘 그러셨다. 한 와인을 이토록 오래도록 사랑할 수 있을까? 변치 않는 두 분의 모습을 보면서 두 분의 사랑은 얼마나 확고한지는 굳이 말하지 않아도 느낄 수 있었다.

어쩌면 두 분에게는 떼땅져 샴페인은 특별한 의미 따윈 없는 가장 일상적인 와인일지도 모른다. 그렇지만 사랑하는 사람과 오래도록 추억할 수 있는 단 한 병의 와인이 있다는 게 얼마나 근사하고 낭만적인 일일까. 그러다 보니 떼땅져 와인을 보고 있으면 언제나 그 두 분의 모습이 떠오른다. 떼땅져는 최소한 나에게 그 두 분을 상징하는 와인이자 나도 저렇게 세월이 지나 사랑하는 사람과 떼땅져를 마시고 싶다는 바람을 만들어준 와인이다. 언젠가 시간이 지나고 지나 어느 분위기 조용한 바에서 사랑하는 사람과 함께 떼땅져를 마시고 있는 내 모습을 잠시나마 상상해본다.

〈와인 깨알 상식〉

하우스 와인(House Wine)
레스토랑이나 바에서 병으로 와인을 파는 것이 아닌
한 잔 기준으로 판매하는 와인.

콜키지(Corkage)
레스토랑이나 바에서 와인을 구매해서 마시는 것이 아닌
손님이 직접 와인을 가져와 일정 비용을 내는 대신
잔과 서비스 등을 제공하는 것.

Wine

와인 읽어주는 남자

Part.2

신의 물방울에서 식탁의 물방울로

와인 = 포도의 당분+효모 ▶ 알코올+이산화탄소
와인 매너는 반드시 지켜야 하는 규칙이 아니다.
와인 보관은 생각보다 까다롭지 않다.
우리는 와인을 너무 뜨겁게 마신다.
정말 잔에 따라 맛이 달라질 수 있을까?
디캔터에 묻고 디캔팅이 답하다.
와인은 만병통치약이 아니다.
와인과 음식은 떼어놓을 수 없는 필연적 운명 관계
와인 고르기 백전백승 6가지 비법
부록 : 와인 빈티지 차트 알기
잊지 못 할 와인 두 번째 – 데 스테파니 프로세코(De Stefani Prosecco)

Part. 2

신의 물방울에서 식탁의 물방울로

와인 = 포도의 당분+효모 ▶ 알코올+이산화탄소

"와인이 뭔가요?" 20살 첫 와인 수업 때 교수님께서 물었던 질문이다. 교수님은 한 명, 한 명 모두에게 질문을 던지며 대답을 하게 했다. 그때 나온 대답으로는 신의 물방울, 술, 알코올, 포도로 만든 술 등등 여러가지 대답이 나왔다. 그때 내가 대답했던 것은 아마 와인은 '맛있는 술'이라 했던 것 같다. 갓 입학하고 아직 제대로 와인을 마셔본 적도 없는데 맛있는 술이라니 역시 책으로 이미 와인은 맛있는 술이라는 정의가 내려졌던 게 확실하다. 지금에 와서 그 질문을 다시 받았다고 생각한다면 나는 뭐라고 답할까. 역시 여전히 와인은 내게 맛있는 술이지만 대답은 조금 달라질 것 같다.

포도의 당분 + 효모 ▶ 알코올 + 이산화탄소

다시 그 질문을 받는다면 나는 저렇게 대답하겠다. 와인을 하나의 공식으로 생각해서 풀어쓴다면 와인은 위와 같이 풀어쓸 수 있다. 저 식이 와인을 풀어쓴 과정이고 이 과정이 곧 와인이다. 이게 다이다. 맛있는 술에서 포도의 당분+효모 ▶ 알코올+이산화탄소 같은 공식이라니 낭만이 너무 사라진 듯 보이기도 한다. 물론 이 간단한 공식을 만들어내려면 참 많고 복잡한 과정들을 거쳐야겠지만 우리가 당장 와인을 양조하는 사람이 되고자 하는 것은 아니기에 간단히 넘어가도록 하자. 와인이라고 하는 술은 결국 포도의 당분과 효모가 만나서 이산화탄소와 알코올이 만들어지는 것이다.

그렇다면 와인은 도대체 언제 시작된 것일까. 여러 기록을 살펴보고 추측해보면 신석기 시대인 BC 9000년경에 인류가 최초로 술을 마셨다고 한다.

그 이후에는 이집트와 메소포타미아에서 더 발전되기 시작하여 그 시대 때의 압착기, 저장 숙성실, 암포라(와인을 담은 항아리), 제조법 등이 발견되었다. 처음으로 포도밭이 만들어진 것은 흑해의 코카시아 지역으로 추측을 하고 있으며 그리스에서 포도 산업이 좀 더 활성화되고 로마에서 꽃을 피운 것으로 알려진다. 로마가 여러 나라를 식민지로 삼으면서 유럽 여러 나라권에 와인을 만들기 위해 포도를 재배하면서 지금에 이르렀다고 한다.

와인에 관해서 여러 기록이 있긴 하지만 기록된 시점으로 시작이 되었던 거지, 그것이 완전한 첫 번째 시작은 아니었을 것이다. 모든 것의 역사를 정확히 알 수는 없듯이 와인도 마찬가지다. 어쨌든 이 매력적인 음료 와인의 시작이 이렇다.

역사가 이렇게 흘러왔다면 와인은 어떤 과정을 통해 어떻게 만들어지

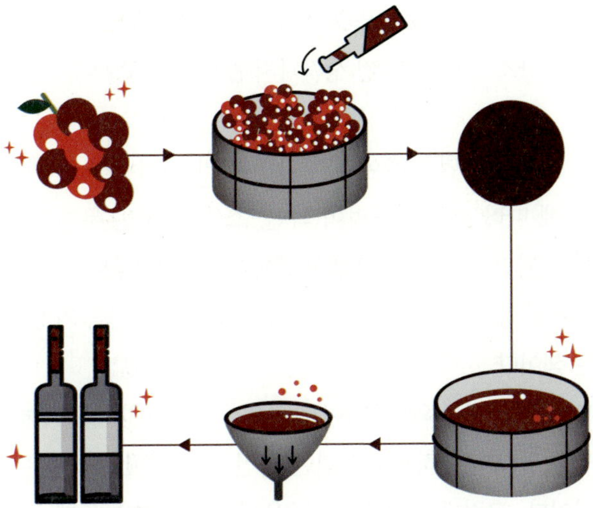

는 걸까. 만들어지는 과정을 간략히 살펴보면 우선 포도나무에서 포도를 수확한다. 포도를 수확하고 포도를 으깨기 시작하면 그때부터 발효는 시작된다. 물론 효모를 첨가해줘야 한다. 레드 와인 같은 경우 유산발효라고 발효를 한번 더 시켜줘서 맛을 더 부드럽게 만들어주는 과정을 거친다. 화이트 와인은 보통 거치지 않지만 샤르도네 품종은 유산발효를 하기도 한다. 이후에 숙성을 거치고 발효 중 만들어진 찌꺼기를 걸러주기 위해 청징과 여과 과정을 거치고 병에 담아 판매된다. 대략적인 과정을 살펴보면 와인은 이렇게 만들어지는 것이다.

글로 간략하게 풀어써야 이 정도로 쓰는 것이지 정말 제대로 와인 양조 과정을 쓴다면 한 권의 책에 다 담아도 모자를 것이다. 모르긴 몰라도 아마 와인을 즐기는 대부분의 사람이 와인의 역사나 양조에 대해서 크게 관심 있어 하는 사람은 많이 없을 것 같다. 눈앞에 맛있는 와인과 음식을 두고 역사나 양조 방법 같은 건 생각나지 않으니까 말이다.

와인의 종류는 어떤 기준에 나누냐에 따라 여러 가지로 이야기할 수 있다. 당분에 따라 나누면 드라이 와인, 스위트 와인. 무게감에 따라 나누면 풀바디 와인 라이트 와인 발포성에 따라 나누면 발포성 와인 스틸(비발포성)와인 등으로 나눌 수 있다. 하지만 역시 와인을 가장 많이 나누는 기준은 색이다.

색에 따라서는 레드 와인, 화이트 와인, 로제 와인으로 나눌 수 있다. 레드 와인을 말그대로 적포도로 만든 와인이고, 화이트 와인은 청포도로 만든 와인이다. 그렇다면 로제 와인은? 단순히 말하면 로제 색상을 띄는 와인이고, 이런 로제 와인을 만드는 방식은 여러 가지가 있다. 적포도를 사용해 색깔을 연하게 내기도 하고, 청포도를 사용해서 만들었지만 적포도즙을 활용해 색을 내기도 하고, 레드, 화이트를 섞는 경우도 있다. 여기서 기억해야 할 건 와인의 종류는 색으로 나누면 세 가지로 구분 된다는 것이다.

레드 와인, 화이트 와인

로제 와인

와인 매너는 반드시 지켜야 하는 규칙이 아니다.

와인을 조금 까다롭게 생각하는 이유는 여러 가지가 있지만 특히 와인을 마시면서 지켜야 하는 행동도 한몫을 하리라고 본다. 서양에서는 당연한 것들이 우리나라에서는 꼭 지켜야만 하는 규칙으로 변질되어 들어오곤 했다. 와인은 와인 잔에 마셔야 하고 와인 잔은 잔의 기다란 다리 부분을 잡아야 하며, 잔을 몇 번 돌리면서 향을 맡고 맛을 음미하고 와인을 따를 때는 레이블을 보이게 한 손으로 따르고 받을 때도 잔을 가만히 놔두거나 두 손으로 받지 않는다. 또한 첨잔이 가능하고 원샷은 안된다. 등 우리가 흔이 와인 상식으로 배우는 내용들이다.

술 한번 마시는데 뭐 그리 지켜야 할 게 많은지 벌써부터 머리가 아프다. 이런 것들을 신경 쓰면 와인을 제대로 즐기려야 즐길 수가 없다. 와인은 그냥 편하게 마시면 된다. 따지고 보면 술을 마시는데 편하게 마시는 것도 웃긴 말이다. 그냥 마시면 된다. 우리나라의 자랑스러운 술 소주를 마실 때도 주도가 있다. 하지만 우리가 언제 소주의 주도를 다 알았던가 레이블 어떻게 보이게 하고 따를 때는 어떻게 따라야 하며 마실 때는 어떤 식으로 마셔야 하는지 세세하게 따지지는 않지 않는가. 그저 웃어른과 마실 때 지키는 간단한 예의 정도가 다이다. 와인도 마찬가지다 와인을 생산하는 자국민들도 일일이 와인을 마실 때 의례 지켜야 하는 것들을 다 지켜서 마시지도 않고 그것들이 꼭 지킬 필요도 없는 것이다.

특히 오해가 많은 와인 잔을 잡을 때 꼭 다리를 잡아야 하는가에 대해 이야기해보면 다리를 잡든, 볼을 잡든 아무 상관없다. 편한대로 잡고 마시면 된다. 일부 사람들은 볼을 잡으면 와인 온도가 올라가서 제대로 못 즐긴다고 하는데 온도는 손에서 오는 열기도 영향이 있겠지만 이미 그 공간의 온도가 더 큰 영향을 미친다. 손 잠깐 잡고 마신다고 와인이 크게 변하지 않는다. 또한 그 잠깐의 온도 변화로 맛 차이를 느낄 정도로 우리 혀는 기술적이고 전문적이지 못하다.

와인을 따르고 받을 때도 우리나라 문화에서는 나보다 윗사람에게 술을 따르거나 받을 때 항상 두 손을 사용하기 때문에 한 손으로 따르고 받는 경우가 없다. 나 역시 윗사람들과 와인을 마실 때 와인 매너랍시고 와인을 한 손으로 따르고 받을 때 아무런 제스처를 취하지 않으면 영 불편하다. 우리나라에는 그런 문화가 없기에 그런 것이다.

또한 와인을 따를 때 무조건 여자를 먼저 하고 이런 예의들은 서양의 레이디 퍼스트 문화이다. 우리나라에서는 나이 많은 어른을 가장 먼저 배려하는 것과 결코 다르지 않은 맥락이다. 결국 문화의 차이일 뿐이다. 특별히 비즈니스 관련 모임이나 대단히 예의와 격식을 지켜야 하는 자리가 아니라면 이런 것들은 굳이 신경 쓸 필요는 없다.

다른 것도 마찬가지다 원샷을 하면 안 되고 첨잔을 해야 하고는 꼭 지켜야 하는 규칙처럼 정해진 것이 아니다. 친구들과 어울릴 때 소주를 막 마시는 것과 회사 상사, 웃어른 등과 마실 때 소주를 조심스럽게 마시는 것이 다르듯 상황에 따라 행동에 격식을 갖추는 거지 특별히 무언가를 지키면서 마셔야 하는 술은 아니다. 와인을 마시는 순서도 보통은 화이트에서 레드 와인으로 순으로 마시는 게 보통이지만 꼭 정해진 것은 아니다.

그저 와인을 마실 때 보통 지키는 행동만 몇 가지 알아두면 크게 스트레스 받지 않아도 될 것 같다. 가령 와인을 따를 때는 3분의 1이 적당하다는 것. 그 이상 담으면 스월링(잔 안에 있는 와인을 돌려주는 행동, 와인을 공기와 접촉시켜 향과 맛을 풍부하게 느낄 수 있다.)을 했다가 와인은 넘쳐흐른다. 와인을 받을 때는 굳이 따로 잔을 들지 않아도 되고(레스토랑 등에서 서버들은 와인을 보통 한 손으로 서비스하기에 상대가 잔을 들고 있으면 잔이 흔들려 따르는 게 불안정하다.), 아무런 제스처를 취하지 않는 게 불편하다면 잔의 넓적한 베이스 부분에 한 손을 살포시 대면 된다. 이정도만으로도 와인을 즐기는 데 전혀 불편함이 없다.

와인 보관은 생각보다 까다롭지 않다.

와인은 유난히 보관이 어렵다고 생각하는 사람이 많다. 물론 와인이 보관에 예민한 술이긴 하지만 그건 와인이라서라기보다 발효주이기 때문이다. 와인뿐 아니라 모든 발효주는 다른 술에 비해 보관에 신경을 써야 한다. 생막걸리가 대표적인 발효주이지만 생막걸리를 대하는 우리의 태도를 보면 와인만큼이나 까다롭게 굴지는 않는다. 보관을 대충 해야 한다는 말은 아니지만 유난 떨 필요는 없다는 말이다.

'와인을 눕혀서 보관해야 하나요?'는 내가 주변에서 가장 많이 들었던 보관에 관한 질문이기도 하다. 와인을 세워서 오랫동안 보관을 하게 되면 코르크 마개가 건조해져 마른다. 그럴 경우 공기가 와인에 스며들게 되고 또 그런 시간이 길어지면 와인이 산화가 되어 원래의 맛을 잃어버린다. 눕혀서 보관을 하면 와인이 코르크 마개에 접촉해 코르크가 마르지 않도록 팽창시켜주기 때문에 코르크가 마를 염려가 없다. 눕혀서 보관을 하는 게 가장 좋지만 단기간일 경우는 세워서 보관을 하는 것도 사실 전혀 문제가 되지 않는다. 코르크가 그렇게 쉽게 마르는 것도 아니고 실제로 마트, 와인샵 등의 와인도 한 달 이상을 세워서 두는 경우도 많이 봤다. 또한 최소 2년 정도 와인을 눕혀서 보관한 것과 세워서 보관한 것을 비교한 결과 큰 차이 없었다는 실험 결과도 있고 일부 전문가들은 큰 차이 없다고 이야기하면서 굳이 차이를 말하면 세워서 오래 보관해두면 코르크를 빼기가 좀 더 힘들 뿐이라는 의견을 제시하기도 했다.

그럼 코르크 마개가 아닌 스큐류 마개는 눕혀서 보관을 해야 할까? 스크류 마개는 세워서 보관을 하든 눕혀서 보관을 하든 아무 상관이 없다. 코르크 마개가 아니기 때문에 굳이 눕힐 필요가 없는 것이다. 스크류 마개는 코르크 마개보다 실용성이 더 뛰어나 요즘은 많은 와이너리에서 스크류 마개를 쓰는 추세이다.

와인 보관의 가장 이상적인 환경은 어떤 환경일까 온도는 12~13도가 유지되고 빛이 없고 어두운 곳, 습도는 70% 정도 유지되고, 진동이 없는 곳이 가장 좋다는 게 많이 알려진 정설이다. 틀린 말은 없지만 가정에서 이러한 환경을 갖추기란 쉽지 않다. 와인셀러가 있다면 가장 좋겠지만 셀러가 없다고 특별히 문제가 되는 것도 아니다. 습도 역시 과거 나무통에 저장했을 때나 적정한 습도가 필요했던 것이지 유리병에 보관하는 현재 와인 보관에 대해서는 크게 필요성이 없어졌다. 진동에 관해서도 몇 차례 실험 결과 크게 와인의 변화를 주지 못하는 것으로 이미 밝혀졌지만 아직까지는 이런 사실들을 많이 모르고 있다. 일반 가정에서 와인을 보관한다고 했을 때 너무 온도가 높다거나 온도 변화 폭이 크지 않다면 거실 어두운 곳, 책상 밑, 신발장 등 모두 큰 문제는 없다.

와인 보관에 가장 유의해야 할 것은 빛(열)과 온도이다. 와인은 기본적으로 온도가 높을수록 숙성이 훨씬 빨라진다. 그렇다고 온도가 높은 상태에서 보관한 와인이 무작정 좋지 않은 와인이 된다는 뜻은 아니다. 단기간에 마실 와인을 적당히 높은 온도에 보관해서 마신다면 오히려 숙성된 와인의 맛을 조금 더 빨리 맛 볼 수 있는 것이다. 다만 온도를 높게 해서 보관하면 와인이 끓어 문제가 발생할 수 있다는 점은 주의해야 한다. 끓는 것은 넘어간다 쳐도 높은 온도로 와인을 단기간이 아닌 장기간 보관했을 때는 치명적일 수 있다. 다급하게 와인이 변하는 것과 천천히 변화하면서 숙성된 와인에서 느껴지는 맛은 분명 차이가 크기 때문이다. 또 와인 보관 시 온도의 변화 폭이 큰 것이 온도가 조금 높은 곳에 일정하게 보관한 와인보다 안 좋은 영향을 끼친다. 이는 보관에 있어 가장 조심해야 할 부분이다.

온도 변화에 따라 맛이 얼마나 바뀌게 되는 것일까? 동일한 와인을 습도가 알맞고 온도 17도가 유지되는 곳과 27~30도로 유지되고 햇빛이 잘 들어오는 여름 실내에서 대략 한 달 가량 보관한 와인을 비교하는 테이스팅을 한 적이 있다. 결과는 어땠을까? 차이가 날 것이라 믿었던 나의 생각과는 달리 애석하게도 거의 별다른 차이는 없었다. 함께 테이스팅을 진행했던 사람들 역시 그 차이를 뚜렷하게 구분하지는 못했다. 단 한 번의 실험으로 이 결과를 완전히 믿을 수는 없지만 그리 길지 않은 시간에 와인 보관은 와인 자체에 큰 영향을 미치지 못한다고 볼 수 있는 하나의 사례가 되었다. 멧 크레이머의 와인력이란 책에서도 이에 관한 실험이 좀 더 상세하게 서술되어있는데 책에 따르면 두 달 정도 이상의 시간이 지나야 맛의 변화가 관찰되었다는 내용을 확인할 수 있다.

간혹 냉장고 보관에 관해 물어보는 질문도 많이 들었는데 냉장고의 온도는 4~5도 정도이다. 오픈하지 않은 와인을 이런 낮은 온도에서 보관하면 와인의 숙성은 거의 멈춘다. 즉 보관을 해도 상관없지만 오랫동안 보관할 장소는 되지 못한다는 말이다. 냉장고에서 보관을 하면 음식물 냄새 베이지 않냐는 우려를 하기도 하는데 오픈하지 않은 와인에 음식물 냄새가 밴다는 것은 코르크마개든, 스크류 마개든 그 마개가 이상한 것이다. 상식적으로 말이 되지 않은 이야기다. 냄새는 오픈한 와인을 냉장고에 넣어두어야 그 음식물 냄새가 밴다. 나의 작은 경험상 냉장고 냄새가 특별히 심하지 않는 한 크게 걱정할 필요는 없고 마시다 남은 와인도 실내에서 보관하는 것보다 냉장고에서 보관하면 일주일 정도는 크게 마시지 못할 와인으로 변하지 않았다.

우리는 와인을 너무 뜨겁게 마신다.

와인을 마실 때 내가 가장 중요하게 생각하는 것은 온도다. 처음에는 와인을 마실 때 온도가 그렇게 중요하다는 생각을 하지는 않았는데, 와인을 마시면 마실수록 이 온도에 따라 같은 와인도 다른 와인으로 만들어 버릴 수 있구나라는 것을 많이 느꼈다. 모든 음식에는 먹기 적당한 온도가 있듯이 와인도 마찬가지이다. 미지근한 맥주, 따뜻한 콜라, 너무 차가운 김치찌개를 생각해보자 생각만 해도 먹고 싶지 않아진다. 그럼 와인은 어느 정도 온도에 마시기가 적당할까. 보통 화이트 와인은 차게 마시고 레드 와인은 실온에 둔 상태로 마시는 게 적당한데 와인이 어떤 성격을 가졌는지에 따라서도 그 온도 범위가 조금씩 달라진다.

와인 마시기에 적정 온도 분류를 보면 대개는 〈표 1〉과 같다. 무거운 성질을 가질수록 온도를 조금 높여 마신다고 생각하면 이해가 쉽다. 그럼 여기서 슬며시 드는 궁금증 하나가 있다. 레드 와인을 차갑게 해서 마

풀바디 레드 와인	16 ~ 20℃
미디엄바디 레드 와인	13 ~ 18℃
라이트바디 레드 와인	11 ~ 16℃
풀바디 화이트 와인	10 ~ 13℃
미디엄바디 화이트 와인	7 ~ 13℃
라이트바디 화이트 와인	7 ~ 10℃
스파클링 와인	5 ~ 7℃

〈표 1〉

시면 안 되는 걸까? 차갑게 해서 마시면 안 된다는 법은 없다. 다만 우리가 레드 와인을 상대적으로 높은 온도에서 마시고 화이트 와인을 차게 마시는 이유는 와인이 가진 성질 때문이다.

기본적으로 와인은 휘발성 물질이기 때문에 온도가 높아지면 향이 진해지고 풍부해진다. 그래서 레드 와인은 보통 상대적으로 높은 온도에서 마신다. 느껴질 수 있는 향의 범위가 넓어지기 때문이다. 레드 와인을 차게 해서 마시면 탄닌 성분이 더 강하게 느껴져 쓴맛과 떫은맛이 많이 느껴진다. 단지 떫고 쓰기만한 레드 와인은 본래가 가진 레드 와인의 매력을 제대로 보여주지 못한다. 또 너무 온도가 높으면 단맛이 더 강하게 느껴지고 알코올 느낌이 더 세지고 산도를 잘 느끼지 못하기 때문에 맛이 밍밍해질 수 있다. 반대로 화이트 와인을 차게 마시는 이유는 좀 더 신선하고 생동감 느껴지는 산도를 잘 느낄 수 있기 때문이다. 화이트 와인도 레드 와인과 마찬가지로 높은 온도에서 마시면 좀 더 풍부한 향을 느낄 수 있겠지만 맛이 밍밍해져서 화이트 와인이 가진 본래의 매력을 보여주지 못한다.

와인을 마시는 적정한 온도가 있다고 해도 사실 우리가 일일이 와인마다 저 온도를 맞추지는 못한다. 저렇게 온도를 일일이 계산하고 마시는 사람도 없다. 와인이 가진 성질에 따라 웬만한 화이트 와인은 차게 해서 마시면 그만이고 레드 와인은 실온에 둔 채로 마시면 그만이다.

우리가 와인을 마시는 일상을 들여다보면 우리는 대부분 와인을 너무 뜨겁게 마신다. 보통 무거운 성질을 가진 레드 와인의 마시기 적당한 온도가 16~20도 정도인데 이 정도의 와인을 입에 넣으면 와인이 조금 차게 느껴진다. 하지만 우리가 와인을 마시는 실내 공간은 이 온도보다 훨씬 높다. 레드 와인도 칠링 해가며 온도를 맞출 필요는 있다. 물론 지금의 온도에서 내가 와인을 맛있게 마신다면 굳이 온도를 낮출 필요는 없지만 좀 더 다채롭게 와인을 즐기려면 다양한 온도에서 마셔보는 것도 와인을 즐기는 하나의 재미이다.

유용한 팁을 하나 주자면 와인을 마실 때 보통 웬만해서는 레드나 화이트 모두 시원하게 만들어 준다. 와인을 오픈하고 마시면서 온도가 계속 올라갈 것이기에 미리 차게 만들어 주는 것이다. 만에 하나 누군가는 나는 레드는 시원하게 화이트는 따뜻하게 마시는 게 좋다면 그 또한 마시는 방법 중 하나일 뿐이다. 잘못된 것이 절대 아니라는 생각은 가지고 있어야 한다. 와인은 지극히 기호음료이기 때문이다.

정말 잔에 따라 맛이 달라질 수 있을까?

전문가들 사이에서도 와인의 끊이지 않는 논란이 두 가지 정도가 있다. 하나는 디캔팅에 관한 것이고 하나는 지금 이야기할 잔에 따라 맛이 달라지는가이다. 디캔팅에 대해서는 잠시 뒤에 이야기하고 잔에 대한 이야기를 먼저 해보자. 우선 와인 잔을 살펴보면 이렇다.

와인 잔은 레드, 화이트 종류에 따라, 맛에 따라, 나라에 따라, 품종에 따라 다양하게 만들어지고 있다. 기본적인 잔 형태는 오목한데, 이는 와인에서 나는 향을 모아주기 때문에 코로 더 잘 느낄 수 있기 위함이다. 보통 레드 와인 잔은 화이트 와인 잔보다 크다. 그 이유는 레드 와인에서 날 수 있는 다양하고 복합적인 향들을 더욱더 잘 느낄 수 있게 만들어졌기 때문이다. 화이트 와인 잔의 경우는 와인 잔이 클수록 공기에 닿는 면적이 크기 때문에 온도가 더 빨리 올라갈 것을 우려해 상대적으로 레드 와인 잔보다는 작게 나온다. 스파클링 와인 같은 경우에는 아름다운 기포를 관측하고, 빨리 사라지지 않게 하기 위해 기다랗고 좁은 플루트형 잔을 사용한다. 여러 잔이 나뉘어있긴 하지만 꼭 잔에 맞춰서 마셔야 하는 것은 아니다. 나도 와인을 마실 때 크게 잔 구분을 하지 않는 편이다. 그저 적당한 지름을 가진 와인 잔 하나에 거의 모든 와인을 마시는 편이다.

자 그렇다면 애초에 하고자 했던 이야기 잔에 따라 와인 맛은 달라지는가에 대해 알아보자. 과연 맛이 달라질까? 여러 논란이 있지만 결과적으로 '맛이 달라진다'가 정답이다. 하지만 오해하면 안 될 것은 종이컵과 유리잔 등 성격이 다른 잔에 마시면 맛이 달라지는가가 아니다. 종이컵 등에 와인을 마시면 당연히 종이 맛이 배게 되고 그건 아주 당연하게 맛이 달라진다. 여기서 말하는 잔에 따라 맛이 달라지는가는 같은 유리잔을 기준으로 잔 모양이 다르면 맛이 달라진다는 말이다. 왜 그럼 대체 같은 와인이 맛이 달라지는 걸까. 그 이유는 잔에 따라 느낄 수 있는 향이 다르기 때문이다.

많은 사람들이 알고 있듯 사람의 혀가 느낄 수 있는 것은 단맛, 신맛, 짠맛, 쓴맛, 감칠맛이 다이다. (학계에서는 다른 맛이 더 있다고 밝히기도 했지만 우선은 넘어가자.) 이 맛을 제외하고 우리에게 익숙한 복숭아 맛, 레몬 맛, 사과 맛, 딸기 맛, 바나나 맛 등은 모두 코를 통해 인지되는 맛이다 아니 정확히 말하면 향이다. 콜라와 사이다를 코를 완전히 막고 마시면 구분 못하는 것처럼 와인도 그렇다. 어떤 잔에 마시냐에 따라 느껴질 수 있는 범위가 미묘하게 다르기 때문에 향에서 평가하게 되는 와인의 첫인상이 달라져 결과적으로 맛도 다르게 느낀다.

여기서도 유의할 점은 있다. 블랙베리 향이 진하게 나는 와인이 잔을 다르게 해서 마신다고 블랙베리 향이 사과 향으로 변하지는 않는다. 향을 느낄 수 있는 범위가 조금 넓어진 것이지 완전히 새로운 향이 나타난다는 뜻 아니다. 또 혀에서 느낄 수 있는 본질적인 맛이 달라지는 것도 아니다. 신맛의 강도가 10인 와인이 잔을 바꿨다고 해서 신맛이 5가 되고 15가 되거나 하지는 않듯 혀에서 느껴지는 본질적인 맛은 변하지 않지만 코에 느껴지는 향이 조금씩 다르기에 맛을 다르게 느낀다.

일부 와인 잔을 생산하는 브랜드에서 혀가 느낄 수 있는 맛의 분포도에 따라 와인이 혀에 떨어지는 각도를 계산하여 출시하는 여러 잔은 개인적인 의견으로는 상업성과 마케팅의 측면이 강하지, 결코 그것이 맛을 다르게 느낄 수 있게 한다고 생각하지는 않는다.(이에 관해서는 또 여러 가지 의견이 있다.) 혀에 떨어지는 각도도 굳이 계산을 한다면 또 다르게 느낄 수 있겠지만 그보다 더 큰 요인은 결국 잔에 지름이 얼마가 되느냐에 따라 느끼는 향이 달라지는 부분이기에 잔의 지름이 좀 더 중요해 보인다. 독일 학자의 한 논문에 따르면 모든 와인에 가장 이상적인 잔은 레드 화이트 구분 없이 보르도 잔과, 부르고뉴 잔이라는 결론을 내는 자료도 볼 수 있다.

디캔터에 묻고 디캔팅이 답하다.

디캔팅이라는 단어는 와인을 접하면 어디서든 한 번쯤은 듣게 되는 말이다. 디캔팅을 먼저 설명하면 디캔팅은 병에 담겨 있는 와인을 디캔터에 옮겨 붓는 것을 말한다. 그렇다면 디캔팅을 하는 이유는 뭘까 크게 세 가지가 있다. 와인의 침전물을 걸러주기 위해, 와인을 공기와 접촉시켜 향을 발산하고 맛을 부드럽게 해주기 위해 그리고 분위기를 만들어주는 미관상의 이유가 있다.

다시 하나씩 살펴보자. 오래된 와인일수록 와인에는 주석산이라는 침전물이 생긴다. 인체에 전혀 해로운 것은 아니며 와인을 마실 때 거칠해서 조금 불쾌하게 느껴질 수 있기에 디캔팅을 한다. 병에 침전물을 조금 남겨두고 디캔터에 와인을 모두 따르는 것이다.

브리딩은 공기와 와인을 접촉 시키는 것이다. 스월링(잔을 흔드는 것)과 같은 효과이다. 다만 스월링보다는 조금 더 스케일 크게 공기를 접촉시켜준다고 보면 된다. 와인에게 산소는 독이자 약이다. 산소를 오랫동안 만나면 와인은 산화가 되어버리지만 적당량의 산소 접촉은 와인의 향을 조금 더 극대화하고 거친 와인의 맛을 좀 더 부드럽게 해준다.

또 디캔팅을 테이블에 놓고 와인을 마시고 안마시고의 분위기 차이는 굉장히 크다. 맛을 결정하는 요소가 비단 와인 자체만이 아니기에 그 공간에 함께하는 사람과 분위기 등을 고려했을 때 미관상 디캔터를 활용하는 것도 중요한 역할을 한다. 아까 앞에서 언급했듯이 디캔팅은 잔보다 더 의견이 분분한 논란거리이다. 전문가들마다 제시하는 의견이 다르고 가장 다양한 관점이 나올 수 있는 부분이기도 하다. 그동안 내가 디캔팅에 대해 내린 결론을 바탕으로 디캔팅 관련 의혹들을 하나씩 설명하면서 해명하겠다.

1. 디캔팅의 주목적은 침전물 분리인가?

– 대개 많은 책이나 전문가들이 디캔팅의 주목적은 침전물 분리라고 알려주지만 실제로 바에서 일 할 때와 그동안의 경험을 비추어 보면 주석산이 많은 오래된 와인 소비가 많이 이루어지지도 않고 주석산이 많아서 디캔터을 사용하는 경우도 적었다. 대개는 침전물 분리보다는 브리딩과 분위기를 내는 역할로 디캔팅을 더 많이 사용했다.

2. 디캔팅은 모든 와인에 필요한가?

– 디캔팅은 모든 와인에 필요하지 않다. 우리가 마시는 대부분의 와인은 오픈하자마자 바로 마시는 것이 좋게 만들어진 와인이다. 대부분의 와인은 스월링으로 브리딩 역할을 대신해도 충분하다.

3. 화이트 와인도 디캔팅을 하는가?

– 보편적으로 화이트 와인은 디캔팅을 거의 하지 않는 편이지만 와인에 따라 디캔팅을 하기도 한다. 단순한 풍미를 가진 와인보다는 오크 숙성이나 좀 더 복합적인 풍미를 가진 화이트 와인에 디캔팅은 어울린다. 보통 화이트 와인에 디캔팅을 하지 않는 이유를 과도한 산소 접촉으로 섬세함과 신선함을 잃기 때문이라고 하지만 짧은 시간에 그 향과 맛이 그렇게 금방 사라지지는 않는다.

4. 영한(어린) 와인은 디캔팅을 하지 않아도 되는가?

– 오히려 브리딩의 역할을 충실히 하려면 영한 와인이 더 좋다. 산소를 한꺼번에 접촉시켜 거친 탄닌을 부드럽게 만들어주고 향도 좀 더 복합적으로 만들어 준다. 올드 빈티지는 와인에 따라 다르지만 이미 충분히 숙성된 향과 맛을 가지고 있기 때문에 너무 과한 산소 접촉은 와인을 오히려 금방 산화시킨다.

그래서 올드 빈티지 와인은 대개 침전물 때문에 디캔팅을 한다. 이때는 디캔터의 볼이 조금 더 좁고 산소 접촉이 덜 한 디캔터를 많이 쓴다.

5. 보틀 브리딩은 효과가 있는가?

– 보틀 브리딩은 와인을 오픈하고 병을 그대로 두고 브리딩을 하는 것을 말한다. 아쉽지만 단 시간의 브리딩 효과는 거의 없다. 보틀 브리딩은

많은 분들이 가장 많은 오해를 하는 부분이기도 하다. 하루, 이틀 이상 둔다면 조금의 효과가 있겠지만 몇 시간 두는 걸로 뚜렷한 차이를 느끼기는 힘들다. 거의 차이가 없다. 그렇게 차이를 느끼는 이유는 보통 심리적인 요인인 플라세보 효과와 와인이 온도가 올라가면서 좀 더 뚜렷한 향과 맛을 느끼기에 그렇게 생각하는 것이 크다.

장시간 보틀 브리딩을 하는 것이라면 상관없지만 단 시간의 보틀 브리딩은 의미가 없기 때문에 그냥 와인을 마실 때 스월링을 몇 번 더 해주는 게 더 합리적인 방법이다.

6. 디캔팅을 하면 와인은 열리는가?

– 짧은 시간의 디캔팅으로 와인은 열리지 않는다. 사실 열렸다는 표현조차 명확한 기준이 없어 저마다의 잣대로 구별한다. 열렸다는 표현이 공유되고는 있지만 정확한 기준을 제시하기란 쉽지 않다.

디캔팅에 대한 각자의 의견이 다른 이유도 이와 같다. 짧은 시간에 디캔팅 효과를 봤다고 말하는 것 역시 보틀 브리딩을 믿는 이유와 마찬가지로 플라세보 효과와 같은 심리적인 요인이 작용한 것과 실제로 공기가 접촉해서 향과 맛이 조금 달라진 것, 그리고 온도가 올라가면서 자연스레 와인의 향을 더 뚜렷하게 느끼는 것 등 때문이다.

맛을 다르게 느끼는 포인트는 다양한 요소가 있어 디캔팅 그 자체 때문만이라고 단정할 수는 없다. 분명한 건 짧은 시간으로 우리가 흔히 생각하는 '열렸다' 하는 와인을 느끼기에는 확실히 힘들다는 것이다. 디캔팅을 주제로 여러 블라인드 테이스팅을 해봤지만, 짧은 시간 디캔팅으로 맛 차이를 명확하게 구분하는 사람을 아직까지 만나본 적이 없다.

7. 디캔팅을 하면 와인 맛이 좋아진다?

– 맞을 수도 있고 아닐 수도 있다. 디캔터의 존재가 와인을 더 맛있게 즐기기 위해있는 것은 확실하다. 와인을 디캔팅해서 브리딩의 효과로 와인의 뉘앙스가 분명히 달라지는 것은 사실이지만, 디캔팅을 하고 난 와인 맛을 디캔팅 전 본래의 와인 맛보다 월등히 뛰어난 맛으로 바뀌길 기대한다면 평생 기대만 해야 할 것이다. 디캔팅은 마법이 아니다.

8. 디캔팅은 그럼 언제 해야 하는지?

– 개인의 판단이다. 디캔팅을 침전물 분리로, 브리딩의 역할로, 분위기상으로 또는 다른 이유로 사용할지 말지는 모두 개인의 판단이다. 잘못된 것은 없다. 어느 것이라도 보다 와인을 마시는 분위기가 더 즐겁다면 모든 것은 옳을 수 있다. 굳이 형식에 얽매이는 것이 가장 바보 같은 것이다.

와인은 만병통치약이 아니다.

우리가 섭취하는 모든 것들은 다 그 나름의 영양소가 있다. 항상 TV나 신문 광고에서 하나의 식품을 소개할 때 그 식품 안에 영양소를 특히 강조해서 소개하면 마치 그 하나만 먹으면 온몸이 좋아지는 것처럼 나온다. 그렇다고 막상 또 그것만 섭취한다고 건강해지는 것은 절대 아닌데 말이다. TV에 마늘이 나오면 마늘이 좋다고 챙겨 먹으라 하고, 파가 나오면 파가 좋다고 먹으라 하고, 콩이 나오면 콩이 좋다고 챙겨 먹으라 하고 두부가 나오면 두부가 좋다고 먹으라 하는 어머니를 보고 있으면 세상 모든 음식은 대부분 우리 몸에 이롭다는 것을 절로 깨닫게 된다.

와인은 많은 영양소를 가지고 있는 술이긴 하지만 약이나 건강 보조식품으로서의 가치가 있지는 않다. 여러 매체에서 와인을 권장량 섭취 시 건강에 좋다고 여기저기 소문을 내고 다니지만 이건 비단 와인뿐 아니라 우리가 섭취하는 모든 것은 적당히 섭취했을 때 건강에 이롭다. 괜히 또 와인을 만병통치약식으로 몰고 가는 와인 찬양론자의 입장에는 나는 조금 반대한다. 와인과 건강하면 절대 빠질 수 없는 이야기가 프렌치 패러독스이다. 시중에 출판된 거의 모든 책에서 찾아볼 수 있는 이야기이기도 하다.

프렌치 패러독스

1979년부터 이러한 현상에 대한 연구가 진행되었으며 55세부터 64세의 사람들을 대상으로 한 역학조사에서 허혈성 심장병 사망률과 국민소득, 의사와 간호사의 비율, 지방 섭취량, 알코올 소비량에 대한 상관관계를 조사한 결과, 와인 소비량이 많은 나라일수록 사망률이 낮다는 통계결과가 나왔다. 따라서 와인이 프랑스인의 심장병 사망률을 낮춰주는 원인이 아닌가 하는 예상이 조심스럽게 제기되었다.

한편, 1982년부터 지금까지 진행 중인 모니카 프로젝트는 심장병의 위험인자들을 규명하기 위한 국제적인 조사사업으로 세계보건기구(WHO)가 주도하고 전 세계 21개국이 참여하고 있는 연구 사업이다. 1989년 발표된 연구 결과에 따르면 지방을 미국, 영국인 못지않게 많이 섭취하고 흡연율도 유사한 프랑스인들이 유독 심장병에 덜 걸리는 이유가 레드와인 때문이라고 밝혀졌다.

– 두산백과 –

이 사실만 보면 당장에라도 오늘 밤 레드 와인을 마시고 싶은 욕구가 생겨난다. 마치 레드 와인이 수명 연장이라도 해줄 것처럼 보이지만 애석하게도 심장병에 의한 사망률은 낮지만, 알코올로 인한 질병과 사망 비율은 더 높다는 것을 사람들은 모를 것이다. 그리고 다른 관점에서 프렌치 패러독스를 바라보면 생각이 또 달라진다. '와인, 문화를 만나다' 를 저술한 장홍 박사님에 따르면 보면 유럽 여러 나라의 심장병 사망률과 평균 수명은 프랑스 북부 사람들과 큰 차이가 없다고 한다. 프렌치 패러독스는 프랑스 남부 지중해 연안의 사람들에게만 적용되며 와인이 비결이라기보다는 그 사람들의 느긋한 생활 태도, 신선한 과일과 채소의 다량 섭취, 온화한 기후 등이 와인 음주와 함께 영향을 미치는 것이라 프렌치 패러독스보다는 지중해 패러독스가 더 정확할 것 같다고 전한다.

실험이라고 하는 것은 어떤 관점이냐에 따라 또 어떤 것을 기준으로 했느냐에 따라 언제든 해석이 달라지기 마련이다. 와인은 만병통치약이 아니다. 와인은 그저 와인답게 즐기면 그만 아닐까.

와인과 음식은 떼어놓을 수 없는 필연적 운명 관계

와인을 마시면서 누릴 수 있는 가장 큰 축복은 역시 맛있는 음식과 함께 하는 것이라 생각한다. 우리나라에서는 유독 와인 자체만을 즐기는 사람들이 많은데 사실 세계의 와인 생산국 어디에 가봐도 와인 그 자체만을 즐기는 문화보다 늘 음식과 즐기는 문화가 더 자연스럽게 퍼져있다. 그렇기에 와인과 음식의 매칭은 굉장히 중요하게 여겨진다. 마리아주라는 말을 들어 본 적이 있을 것이다. 마리아주는 프랑스어로 결혼이라는 뜻이다. 보통 와인 용어로 사용할 때는 와인과 음식의 궁합을 뜻한다. 이는 프랑스인들이 와인과 음식의 연결을 얼마나 중요하게 생각하는지 엿볼 수 있는 부분이기도 하다. 마리아주 즉 영어로 페어링은 소믈리에의 가장 핵심적인 능력과 역할 중 하나이기도 하고 여러 파인 다이닝 레스토랑에서도 페어링 코스에 어떤 와인과 음식을 매칭해서 선보일지 많이 신경 쓰는 부분이기도 하다. 그만큼 와인과 음식 매칭은 중요하게 여겨진다.

어떤 와인과 어떤 음식이 잘 어울리는 걸까? 페어링에 절대적인 원칙은 정해진 원칙이 없다는 것이다. 흔히들 레드 와인에 고기, 화이트 와인에 생선이라고 말한다. 이는 크게 보면 틀리지 않은 말이지만 그렇다고 맞는 말도 아니다. 음식에 어떤 조리법을 썼는지 부재료는 무엇인지, 또 소스는 어떤 걸 사용했는지에 따라 충분히 달라질 수 있기 때문이다. 그리고 페어링을 할 때 와인의 핵심은 와인이 블랙커런트 향이 나니, 후추 향이나니 바닐라 향이 나니 등과 같이 어떤 향과 풍미를 가졌는지도 따지지만 그보다 더 중요한 건 와인에서 물리적으로 느낄 수 있는 당도, 산도, 탄닌, 바디, 알코올 등의 감각의 정도이다.

원칙은 없다고 했지만 정설로 여겨지는 세 가지 정도만 알고 있어도 와인과 음식 매칭에 크게 실패할 일은 없다. 첫 번째 비슷한 것은 비슷한 것끼리 즉 단맛이 나는 음식은 단맛이 나는 와인을, 신맛이 나는 음식은

신맛이 나는 와인을 매칭하는 식이다. 여기서 들 수 있는 의문은 단맛과 단맛이 만나면 더 달아지고, 신맛과 신맛이 만나면 더 신맛이 나는 게 아니냐 반문할 수 있지만 신기하게도 그렇지는 않다. 비슷한 맛끼리 만났을 때 맛은 상쇄효과가 일어나기 때문에 걱정할 필요가 없다.

여기서 이제 조금 더 응용하면 단순히 맛을 넘어 풍미, 무게, 질감 등 비슷한 음식과 와인을 매칭을 하면 되는 것이다. 결국 서로의 균형을 맞춰주는 것이 핵심이다. 음식이나 와인 서로가 하나를 너무 압도해버리면 맛의 균형은 깨지고 어울리지 못한다.

두 번째는 다른 것은 다른 것끼리 매칭하는 방법이다. 사실 앞서 비슷한 것끼리 매칭하는 방법과는 정 반대의 방법으로 때로는 다르게 매칭하는 것이 더 좋을 때도 있다. 예를 들어 매운맛이 주가 되는 음식은(사실 매운맛은 맛의 개념이 아니라 혀가 느끼는 고통이라는 것을 알 것이다.) 조금 더 스파이시하고 매운 뉘앙스를 가진 와인과 알코올이 높은 와인을 매칭하면 역효과를 부른다. 그래서 알코올이 상대적으로 낮고 단 맛이 나는 와인을 많이 매칭하기도 한다. 매운맛뿐 아니라 다른 맛의 와인도 서로 대비되는 맛을 매칭해보면 좀 더 새롭고 신선한 매칭을 찾을 수 있다.

세 번째는 그 지역의 음식은 그 지역의 와인과 매칭하는 방법이다. 음식문화는 하루아침에 생겨나는 것이 아니다. 오래전부터 긴 세월이 지나면서 다져진 그 지역만의 음식문화가 있기에 대개 그 지역의 음식은 그 지역의 술과 가장 잘 어울린다. 페어링 세계의 최고의 궁합이라고 하는 것들도 보통은 그 지역 음식과 그 지역 와인인 경우가 많다.

크게 세 가지 전제를 깔아두었지만 이보다 좀 더 근본적인 페어링인 결국 자신의 기호이고 취향이다. 남들이 아무리 이게 맛있고 저게 맛있다고 떠들어대봤자 내게 맛있지 않으면 맛있지 않은 것이다. 맛과 맛의 원리를 알아두면 좀 더 훌륭한 매칭에 접근할 수 있지만 그것이 전부 정답이 될 수는 없다. 그러니 특별히 어떤 선입견을 가지고 페어링을 하기보다는 다양한 음식과 다양한 와인을 다양하게 매칭하면서 자신의 맛을 찾아가는 것이 가장 좋다. 그리고 지난 경험상 이러쿵저러쿵 다 따져서 안 먹어도 웬만한 음식과 웬만한 와인은 다 맛있었다. 소주나 맥주를 특정에 음식에 먹기도 하지만 꼭 그것에 고집하지 않고 반주 삼아 모든 음식에 곁들이는 것처럼 와인도 비슷하게 생각하면 좋을 것 같다.

조금 다른 이야기로 와인과 음식을 함께 할 때 음식을 다 먹고 와인을 마시는지, 음식을 씹는 중에 와인을 마시는지 한 번쯤 의문을 품어본 적이 있을 것이다. 과연 정답은 뭘까. 나도 한때 이 질문이 너무나 궁금해 나를 가르쳐 준 많은 분들께 여쭤본 질문이다. 질문은 여러 번 했지만 돌아온 대답은 모두 같았다. 둘 다 정답이다. 사실 이러한 행동들은 생각하면서 의식적으로 하지는 않는다. 무의식적으로 음식을 먹는 도중 와인을 한 모금 마실 수도 있고, 음식을 다 먹고 와인을 한 모금 다 마실 수도 있을 것이다. 자신이 하고 싶은 대로 하는 것이 곧 정답이다.

와인 고르기 백전백승 6가지 비법

이 세상에는 얼마나 많은 와인이 존재할까? 누군가는 세상 하늘에 떠 있는 별의 수만큼이나 와인이 많다고 한다. 이토록 많은 와인을 일반 소비자들이 모두 알기는 불가능하다. 백화점이나 마트 혹은 와인 샵에만 가도 그 수가 어마어마하다. 아무리 전문가들이라도 그 모든 와인을 다 마셔보지는 못했을 것이다. 레이블에 보이는 나라 이름부터 지역, 품종, 생산자, 빈티지(포도의 수확 연도) 등을 보면서 대략적인 맛을 유추할 수는 있다.

하지만 이런 정보들을 알려면 어느 정도의 지식은 있어야 가능한 일이다. 상황이 이러하니 전문적으로 와인 공부를 한 것도 아니고 다양한 종류의 와인을 마셔본 것도 아닌 소비자의 입장에서 와인을 고르기란 무척 난감하지 않을 수 없다. 별다른 지식 없이 와인을 잘 고르는 비결은 없을까. 잘 고르는 비결이 있다. 아니 잘 고른다기보다 이 와인이 어떤 스타일의 와인인지 알려주는 몇 가지 팁들이 있다.

1. 구세계와 신세계 와인의 차이를 알고 있어라

구세계 와인, 신세계 와인이라니 도대체 이건 무슨 말일까. 구세계는 예전부터 전통적으로 와인을 생산하는 국가들을 말하는 것이고 신세계는 와인 생산에 뒤늦게 참여한 국가들을 일컫는 말이다. 구세계의 대표적인 국가들은 프랑스, 이탈리아, 스페인, 독일 등이 있고 신세계의 대표적인 국가들은 미국, 칠레, 호주, 아르헨티나 등이 있다.

구세계 국가와 신세계 국가의 와인의 특징을 살펴보면 구세계 국가들은 과일 풍미가 강조되기보다는 조금 더 그윽하고 복합적인 풍미가 있고, 산도는 높고 알코올 도수가 신세계 국가들보다는 낮은 편이다. 신세계 국가의 와인은 과일 풍미가 풍부하고 산도는 낮은 편이며 알코올 도수가 높은 와인들이 많다.

사실 국가별로 대표적인 와인 스타일을 규정하는 것이야말로 정말 바보 같은 짓일지도 모른다. 그 많은 포도품종에 그 수많은 지역별 양조자마다 달라지는 와인 스타일을 국가별로 규정하고 또 그 국가들을 한데 모아 맛의 대표성을 찾는다는 것은 얼마나 무모한 짓인가. 구세계 국가와 신세계 국가를 외울 시간에 품종의 특징을 외우는 게 훨씬 더 효과가 있을지도 모른다. 하지만 누군가는 품종조차 외울 시간이 없을 수도 있다. 이 방법을 추천하지는 않지만 이 방법과 아래의 방법을 함께 사용한다면 나름대로 와인 스타일의 큰 맥락은 짚을 수 있을 것이다.

2. 레이블에 적힌 알코올 도수를 확인하라

와인이라고 하는 술은 앞서 포도의 당분이 효모를 만나 알코올로 만들어진다고 말했다. 이때 당분이 높을수록 알코올 도수는 올라갈 수밖에 없다.(보통 15%를 넘지는 않는다. 알코올 농도가 15%에 달하면 알코올이 효모를 제거하는 시점에 이르면서 발효가 끝나기 때문)이 간단한 원리를 이용하면 숫자를 보고 와인의 대략적인 스타일을 파악할 수 있다.

· 12~13%의 와인

무게감이 가볍고, 대체로 산도가 높으며 빛깔이 옅고 부드러운 풍미에 가벼운 질감을 지닌다. 오크 숙성을 하기도 하지만 오랜 기간 오크 숙성을 하는 경우가 없다.

· 13.5~14%의 와인

딱 중간 성격을 가진 와인으로 산도나 풍미 빛깔 등이 적당하고 오크 숙성을 한 경우도 있고 안 한 경우도 있다. 무게감이나 질감 역시 중간으로 나타난다.

· 14% 이상의 와인

무거운 바디감에 산도는 대체로 낮다. 빛깔이 짙으며 풍미가 진하다. 대체로 오크 숙성을 했고 오크 풍미도 뚜렷한 편이다.

이런 기준으로 와인을 고르는 것은 와인을 잘 모를 때 분명 실용적이고 유용하지만 유의할 점도 있다. 알코올 도수가 높다고 꼭 좋은 와인은 아니라는 것이다. 와인 맛을 이루는 여러 가지 요소의 밸런스가 충분히 맞아떨어져야 훌륭한 와인이 되는 것이지 단순히 알코올 도수가 높다고 무게감이 무겁다고 다 좋은 와인, 맛있는 와인이 되지는 못한다. 또 이런 기준을 제시하기는 했지만 와인의 품종이나 기후마다 분명한 차이가 난다는 점을 잊어서는 안 되고, 또 이러한 기준을 갖고 와인을 고른다 하더라도 단순히 알코올만으로 그 와인의 모든 스타일을 파악할 수는 없다. 단순한 숫자 범위의 비교만으로 복잡한 와인 세계를 모두 풀어헤칠 수는 없다는 점을 꼭 기억해주길 바란다.

3. 조금 더 세부적인 지역의 와인이 비교적 품질이 좋다.

사과가 먹고 싶어 사과를 산다고 하자. 내가 살 수 있는 세 가지 종류의 사과가 있다. 대한민국에서 재배한 사과, 경기도에서 재배한 사과, 충주에서 재배한 사과. 무엇을 고르겠는가? 당연히 세 번째 충주에서 재배한 사과를 고를 것이다. 충주 사과가 유명하기도 하지만 더 세부지역을 나타냈다는 것은 그만큼 품질이 좋다는 것을 의미한다.

와인도 비슷한 맥락으로 이해하면 쉽다. 조금 더 세부지역이 표시된 와인이 비교적 괜찮은 품질을 자랑한다. 와인을 결정하는 이유가 여러 가지가 있겠지만 잘 모르고 가격이 적정한 수준이라면 조금 더 세부적인 지역이 표시된 것 같은 와인을 고르면 선택에 좀 더 안정적일 수 있다. 하지만 역시 이것만으로 와인의 품질을 비교하기란 무리가 있음 꼭 알아두어야 한다.

4. 와인 가격의 비밀

와인을 구매하러 갔을 때 가끔 이상한 것을 발견하곤 한다. 8만 원에 1만 원, 14만 원에 2만 원 등등 정말 이렇게 파격 세일을 하는 것인지 의문이 들 때가 있다. 하지만 우리 대부분은 '우와 싸다' 하면서 와인을 집어간다. 반대로 생각해보자. 우리가 상품을 팔 때는 정말 특별한 일이 있지 않는 이상 원가 이하에 상품을 판매하지 않는다. 8만 원의 와인을 1만 원에 판다면 그 와인의 원가는 1만 원 아래이고 1만 원으로 팔아도 이익이 된다는 뜻이다. 정상가의 의미나 가치가 전혀 없다는 말이다. 정상가는 수입사가 임의로 언제든 바꿀 수 있는 가격이다. 이 가격을 곧이 곧대로 믿을 필요도 없고 가격에 현혹이 되어 무조건 사야 할 와인이 아닌 것이다. 와인 맛까지야 그 와인을 마셔보지 않으면 알 수 없지만 대부분은 표기된 할인 가격의 맛을 하는 와인이고 해외에서는 그 가격보다 아래의 가격으로 판매되고 있는 와인이란 뜻이다.

5. 펀트의 깊이는 와인 품질과 비례하지 않는다.

와인을 사러 가는 사람 중에 병 밑 바닥을 만져보는 사람들이 있다. 밑 바닥의 깊이가 깊을수록 좋은 와인이라는 생각 때문이다. 하지만 이는 전혀 사실과 관계없는 이야기다. 펀트가 생긴 이유는 병을 만드는 기술이 부족해서 생겨난 것으로 알려져 있다. 펀트는 병의 내구성을 높이는 역할을 하고, 압력을 잘 견디게 해주지만 현대에 와서는 병 만드는 기술이 워낙 좋아져 크게 의미가 있지는 않다. 펀트가 깊으면 좋은 와인이라는 인식이 많아 와이너리에서 저가 와인에 의도적으로 밑 바닥 깊이를 깊게 하는 경우도 있다고 한다.

6. 점수에 대한 함정

와인 사러 갈 때 보면 PR 90점, WS 93점 등등 다양한 점수를 확인할 수 있다. 이는 특정 인물이나 와인 매거진에서 평가한 점수로 수입사에서 마케팅 자료로 활용을 한다. 점수를 참고하는 것은 좋지만 무작정 높은 점수에 매료되어서는 안된다.

100점 만점에 기본점수 90점을 주고 95점을 주는 것과 100점 만점에 기본점수 0점에 80점인 와인이 있다면 사실 80점의 와인이 95점의 와인보다 더 괜찮을 와인일 확률이 높다. 즉 기본적인 평가 기준을 알고 있어야 점수를 유효하게 활용할 수 있는 것이다.

한국에서 가장 많이 활용되는 점수 지표 2가지 PR과 WS의 점수 기준을 알아보자.

PR – 미국의 세계적인 와인 평론가 로버트 파커가 매기는 점수

- 96~100 : Extraordinary 아주 우수한
- 90~95 : Outstanding 우수한
- 80~89 : Barely above average to very good 평균 이상
- 70~79 : Average 보통 수준
- 60~69 : Below Average 평균 아래
- 50~59 : Unacceptable 마시기 힘든

WS – 세계적인 와인 매거진 와인 스펙테이터에서 매기는 점수

- 95~100 : Classic – a great wine 아주 뛰어난
- 90~94 : Outstanding – a wine of superior character and style 뛰어난 캐릭터와 스타일을 가진
- 85~89 : Very good – a wine with special qualities 특별한 퀄리티가 좋은
- 80~84 : Good – a solid, well-made wine 잘 만든
- 75~79 : Mediocre – a drinkable wine that may have minor flaws 마실 만은 한
- 50~74 : Not recommended 추천하지 않는

부록

와인 빈티지 차트 알기

와인에서 빈티지(Vintage)라는 용어가 자주 사용되는 것을 볼 수 있다. 빈티지는 바로 포도의 수확 연도를 의미한다. 와인 레이블을 살펴보면 연도가 표시된다. 이 연도가 표시된 것을 와인의 빈티지라고 부르며 와인 레이블에 각각 2011, 2013, 1995 표시된 것은 이 와인들을 2011년도, 2013년도, 1995년도의 수확한 포도로 만들었다는 것을 의미한다.

연도 표시가 따로 되지 않은 것은 연도를 표시할 만큼의 기준의 포도

를 사용하지 않았거나 여러 해의 포도를 블렌딩해서 사용한 와인이다. 이런 와인들을 넌 빈티지(Non Vintage) 와인이라고 부른다.

이런 빈티지를 모아 만든 차트가 빈티지 차트인데 빈티지 차트는 그 해의 기후 등을 분석해서 포도나무 재배에 얼마나 좋았는지 점수를 매겨놓은 차트이다. 하지만 빈티지 차트에서 좋은 해라고 해도 무작정 그 와인이 훌륭하다고 볼 수만은 없다. 한 병의 와인이 만들어지기까지는 너무나 다양한 요인들이 있기 때문에 단순히 해가 좋지 않다고 별로 좋지 못한 와인이라고 단정 지으면 와인을 좀 더 폭넓게 즐기는데 편견이 생겨버릴 수 있다. 그렇기에 적당한 선에서 적절히 참고를 하면 유용할 것이다.

다음은 와인 스펙테이터 2017 빈티지 차트이다.

WINE ENTHUSIAST

2017 VINTAGE CHART

A GENERAL GUIDE TO THE QUALITY & DRINKABILITY OF THE WORLD'S WINES

RATINGS

- **98–100** · Classic
- **94–97** · Superb
- **90–93** · Excellent
- **87–89** · Very Good
- **83–86** · Good
- **80–82** · Acceptable
- **NV** · Not Vintage Year
- **NR** · Not Rated

MATURITY

- Hold
- Can drink, not yet at peak
- Ready, at peak maturity
- Can drink, may be past peak
- In decline, may be undrinkable
- Not a declared vintage/no data

Can't access *Wine Enthusiast*'s online Buying Guide? Or maybe the wine you're trying to look up isn't among our more than 200,000 reviews? (Hey, it happens.) Check our latest vintage chart to get an idea of what to expect. Although our expert reviewers base these ratings and maturity estimates on their vast tasting experience and interviews with local winemakers, we can't guarantee every wine will live up or down to the broad generalizations the ratings on the vintage chart represent—in the world of wine, there are exceptions to every rule. Maturity estimates assume proper storage conditions over the life of the wine.

United States

	Wine Variety	Region	2015	2014	2013	2012	2011	2010	2009	2008	2007	2006	2005	2004	2003	2002	2001	2000	1999	1998	1997	1996	1995	1994	1993	1992	1991	1990
CALIFORNIA	Cabernet Sauvignon	Napa	95	94	95	95	89	89	89	92	95	90	95	90	90	93	98	85	93	85	96	93	95	97	90	93	94	92
		Sonoma	93	93	94	93	88	87	87	90	92	87	89	87	89	88	93	84	90	84	91	90	91	92	88	89	90	89
	Chardonnay	Napa	90	92	91	91	87	87	88	87	90	86	86	85	85	90	90	88	88	87	94	90	92	90	87	90	90	91
		Russian River Valley	92	94	94	93	89	89	87	90	92	86	91	93	91	97	93	90	92	88	95	92	94	91	88	91	92	92
		Carneros	90	94	93	92	88	88	87	89	91	85	87	92	91	95	93	89	89	85	91	90	89	91	87	89	90	89
		Central Coast	91	92	92	92	90	91	88	90	92	87	90	93	92	94	90	89	89	85	94	88	90	92	87	89	90	91
		Santa Barbara	92	93	93	93	92	92	90	91	92	90	89	92	92	94	91	88	91	88	95	90	91	94	86	90	91	90
	Pinot Noir	Anderson Valley	94	93	95	96	91	93	93	92	95	88	94	90	90	87												
		Sonoma Coast	92	94	95	95	90	92	91	93	95	87	95	93	89	88	89	87	90	85	90	88	89	89				
		Russian River Valley	92	94	95	95	89	91	90	92	96	87	95	93	90	89	90	89	91	85	91	90	91	92	90	92	91	90
		Carneros	91	93	94	93	87	90	89	90	94	86	93	89	89	85	87	85	87	83	85	86	88	90	86	88	88	89
		Central Coast	93	93	92	92	88	93	89	89	94	88	92	89	93	95	91	88	89	86	93	87	88	90	86	87	89	89
		Santa Barbara	94	93	93	94	90	92	91	92	95	90	95	93	94	94	92	89	90	84	95	89	90	92	88	90	91	91
	Syrah	North Coast	92	91	91	92	89	88	88	88	93	88	85	89	89	88	92	84	89	83								
		Central Coast	91	92	90	89	88	89	87	87	90	85	84	86	92	88	91	84	86	83								
		South Coast	88	88	88	88	87	90	90	88	94	91	87	89	91	89	92	85	88	83								
	Zinfandel	Sonoma	93	93	93	92	89	89	89	88	93	86	90	90	89	88	91	86	90	86	88	90	91	92	92	90	91	90
		Napa	93	93	93	92	89	89	89	89	94	87	87	90	88	86	91	85	90	85	89	88	90	91	89	89	92	91
		Paso Robles	91	91	92	91	87	87	87	87	92	87	85	87	86	86	87	85	89	84	86	86	87	88	86	87	87	87
		Sierra Foothills	94	93	93	92	89	91	90	88	90	87	87	89	87	86	85	84	85	84	84	85	86	84	84	85	86	85
OR	Pinot Noir	Willamette Valley	94	93	92	93	91	87	91	92	86	94	89	92	86	88	89	91	94	92	84	87	86	90	91	88	87	90
	Whites	Willamette Valley	93	93	93	92	89	88	92	94	86	91	90	93	86	88	89	90	83	90	85	87	85	91	90	87	88	90
	Reds	Southern Oregon	88	90	89	90	90	89	88	90	89	87	87	90	85	87	88	89	90	89	84	85	84	89	88	87	86	88
WA	Cabernet, Merlot	Columbia Valley	91	93	91	95	89	92	92	88	91	92	95	89	92	94	92	88	96	91	87	86	89	90	87	88	86	89
	Syrah	Columbia Valley	90	90	90	95	91	89	91	90	89	91	93	90	91	94	93	88	92	89	87	88	89	89	87	87	86	89
	Whites	Columbia Valley	89	90	88	96	92	90	89	94	89	90	92	88	90	91	89	89	87	90	88	89	89	89	90	89	89	88
NY	Reds	Finger Lakes	89	89	88	92	85	91	85	89	89	85	89	86	84	89	91	86	90	88	86	84	91	88	90			
	Whites		90	89	89	90	88	90	88	90	88	89	90	88	90	91	93	89	92	89	90	88	92	90	91			
	Reds	Long Island	90	90	92	92	84	92	85	89	88	87	87	90	84	85	90	87	86	93	89	86	92	90	89	80	91	90
	Whites		89	89	88	89	86	90	86	89	90	88	87	91	88	89	90	88	89	93	90	88	92	90	89	84	91	90

Southern Hemisphere

	Region	Wine Variety	2015	2014	2013	2012	2011	2010	2009	2008	2007	2006	2005	2004	2003	2002	2001	2000	1999	1998	1997	1996	1995	1994	1993	1992	1991	1990
AUSTRALIA	Barossa/McLaren Vale	Shiraz	91	90	93	96	83	95	91	87	89	91	95	94	87	94	93	87	89	93	87	93	86	91	88	94	92	92
	Clare Valley	Riesling	96	90	92	93	87	95	93	92	89	91	93	89	88	94	88	88	87	91	93	89	90	84	87	85	87	93
	Coonawarra	Cabernet Sauvignon	90	90	93	94	83	93	90	88	88	94	94	92	88	87	93	91	89	94	88	91	82	89	87	84	95	95
	Yarra Valley	Pinot Noir	94	88	93	93	82	89	85	88	90	91	92	86	89	89	90	91	87	91	93	91	90					
	Western Australia	Cabernet/Chardonnay	91	93	93	94	94	95	94	94	95	88	90	94	88	91	87	87	88	90	90	91	93					
	Hunter Valley	Semillon	85	96	89	86	91	90	93	84	89	89	90	88	90	87	88	90	89	92	86	89	88	89	86	85	94	86
NZ	Hawke's Bay	Reds	93	95	96	88	86	95	93	88	92	89	92	90	88	91	86	84	90	95								
	Martinborough	Pinot Noir	91	90	93	89	94	91	92	88	93	88	93	87	88	91	88	87	91	90								
	Marlborough	Sauvignon Blanc	93	89	93	90	90	92	92	88	92	91	93	88	92	90	90	89	91	90	88	90	80	91	81	85	93	
	Central Otago	Pinot Noir	92	91	90	92	88	93	92	92	93	92	91	88	89	93	90	89	90	90								
	South Africa	Reds	94	88	89	90	89	87	94	88	91	92	90	89	95	87	92	93	92	93	87	86	91	86	84	87	88	85
CHILE	Maipo	Reds	90	88	89	88	89	88	88	89	95	88	94	90	93	86	92	88	91	83	91	90	89	90	89	85	86	89
	Casablanca/Coastal	Whites	91	84	88	85	90	90	86	88	93	90	92	90	85	92	87	91	81	90	90							
	Colchagua	Reds	90	85	87	88	90	90	87	90	94	88	94	90	93	83	92	87	91	84	91	90						
	Argentina/Mendoza	Reds	85	85	90	87	89	90	91	87	86	93	89	88	92	94	85	87	90	83	89	95	95	90	93	88	87	93

GREAT OLDER VINTAGES

FRANCE

Pomerol/ Saint-Émilion: 1989, 1985, 1982, 1978, 1970, 1964, 1961, 1959, 1955, 1953, 1949, 1947, 1945

Médoc: 1986, 1982, 1978, 1970, 1966, 1961, 1959, 1955, 1953, 1949, 1947, 1945

Graves: 1982, 1978, 1970, 1964, 1959, 1955, 1953, 1949, 1947, 1945

Sauternes: 1988, 1986, 1983, 1976, 1975, 1967

Red Burgundy: 1985, 1978, 1976, 1971, 1969, 1959, 1952, 1949, 1947, 1945

White Burgundy: 1986, 1983, 1982, 1978

Northern Rhône: 1985, 1983, 1978, 1970, 1961

Southern Rhône: 1985, 1983, 1981, 1978, 1967

Loire: 1985, 1978, 1976, 1971, 1969, 1959, 1947

Alsace: 1985, 1983, 1975

Champagne: 1985, 1982, 1979, 1971, 1964

ITALY

Piedmont: 1989, 1985, 1982, 1978, 1971

Veneto: 1983, 1979, 1976, 1974, 1971, 1970

Tuscany: 1985, 1982, 1978, 1971

SPAIN

Catalonia: 1985, 1983, 1982, 1981

Rioja: 1985, 1982, 1981, 1970, 1968, 1964

Ribera del Duero: 1985, 1983, 1982, 1980, 1979, 1970, 1968, 1962

GERMANY

Mosel-Saar-Ruwer/ Rheingau: 1983, 1976, 1975, 1971, 1959

PORTUGAL

Port: 1985, 1983, 1977, 1970, 1966, 1963, 1955, 1948, 1945

UNITED STATES

California Cabernet: 1987, 1984, 1978, 1974, 1968

Oregon Pinot Noir: 1983, 1980

Washington Reds: 1987, 1983, 1979, 1978

Download the 2017 Vintage Chart at *winemag.com*

Europe

Country	Region	Appellation/Type	2015	2014	2013	2012	2011	2010	2009	2008	2007	2006	2005	2004	2003	2002	2001	2000	1999	1998	1997	1996	1995	1994	1993	1992	1991	1990
FRANCE	Bordeaux	Pomerol/Saint-Émilion	96	94	87	90	90	97	96	92	88	89	98	91	88	87	95	97	88	92	85	86	91	86	86	80	81	93
		Médoc	98	94	88	90	91	98	97	93	87	90	100	89	89	86	96	96	88	90	83	94	91	87	83	NR	82	97
		Graves (red)	96	94	87	91	90	96	96	91	86	88	95	89	89	86	93	96	89	89	84	91	90	87	85	NR	81	96
		Graves (white)	94	95	95	95	94	95	91	90	96	90	93	91	86	90	89	94	90	89	89	90	89	94	90	87	84	92
		Sauternes/Barsac	96	95	94	88	95	95	95	88	95	91	89	87	92	91	95	81	94	87	92	85	88	83	NR	NR	NR	96
	Burgundy	Côte de Nuits (red)	97	90	89	91	91	95	97	89	88	89	96	91	94	97	88	84	93	92	90	96	90	85	88	82	86	91
		Côte de Beaune (red)	95	90	88	90	92	94	95	91	87	90	95	90	93	96	88	84	88	87	90	95	91	85	87	83	84	92
		Chablis	94	95	90	95	94	96	95	91	91	91	95	92	87	95	93	89	87	89	89	93	90	88	84	91	NR	90
		Côte de Beaune (white)	94	95	94	95	94	96	95	92	91	91	96	93	88	96	92	91	88	90	89	92	91	87	83	93	NR	92
		Mâconnais	93	94	92	94	94	95	95	90	90	90	92	89	84	91	90	89	87	89	90	94	91	87	84	91	NR	90
	Beaujolais		96	94	89	89	92	93	95	90	87	90	92	91	90	87	87	84	88	88	90	92	90	84	87	80	84	90
	Northern Rhône	Reds	96	87	88	92	91	95	95	86	87	91	94	87	93	83	92	90	93	92	91	87	91	89	NR	NR	93	93
		Whites	93	93	90	92	92	95	92	87	88	91	92	94	86	85	91	87	92	92	90	89	92	87	NR	88	90	90
	Southern Rhône	Reds	92	87	88	92	91	98	93	85	96	90	92	90	90	NR	93	90	89	96	85	85	93	88	87	NR	NR	96
		Whites	92	89	90	92	92	95	89	87	94	89	88	87	87	85	87	87	90	93	87	86	91	86	89	87	NR	91
	Loire	Dry Whites	96	95	90	94	92	94	94	91	92	88	94	91	89	92	88	84	89	86	85	92	90	85	90	88	87	90
		Sweet Whites	97	96	87	87	95	94	93	87	95	89	95	89	92	87	93	88	89	85	90	92	92	82	89	NR	NR	93
		Reds	96	95	88	93	93	89	93	88	89	88	93	88	90	88	89	93	90	85	87	91	90	83	83	NR	84	92
	Alsace		92	88	89	92	91	93	95	90	94	88	91	93	89	88	94	86	84	89	96	90	88	86	84	80	NR	93
	Champagne		95	93	NV	95	89	90	94	98	91	89	93	94	86	95	NV	88	88	90	87	98	95	NV	87	NV	NV	96
	Languedoc-Roussillon		93	88	90	89	90	92	92	90	91	91	87	88	90	84	92	90	89	95	85	84	90	87	86	81	80	90
	Provence	Reds	94	92	89	89	90	89	91	90	94	90	87	87	90	85	90	91	88	94	86	85	91	85	85	80	81	91

Country	Region	Appellation/Type	2015	2014	2013	2012	2011	2010	2009	2008	2007	2006	2005	2004	2003	2002	2001	2000	1999	1998	1997	1996	1995	1994	1993	1992	1991	1990
ITALY	Piedmont	Barbaresco	92	88	94	93	92	98	94	92	95	95	89	96	85	82	96	95	92	95	93	96	88	81	87	NR	NR	98
		Barolo	93	86	94	93	93	98	95	91	95	95	89	97	86	82	97	95	92	94	93	98	88	81	87	NR	NR	97
	Veneto	Amarone	91	82	91	92	92	93	94	90	93	93	92	92	90	83	90	89	88	89	95	87	94	87	88	80	82	95
		Soave Classico/Lugana	90	85	90	90	91	93	93	90	91	91	89	90	88	84	85	94	87	90	95	86	90	90	88	NR	NR	95
	Trentino-Alto Adige	Whites	90	84	89	91	91	93	94	92	93	92	91	91	86	84	86	97	90	85	87	86	86	93	90	85	84	93
	Collio-Friuli	Whites	90	85	89	92	92	93	94	92	93	93	90	92	88	83	87	90	90	85	87	86	86	93	90	85	84	90
	Lombardy	Franciacorta	90	85	89	92	90	92	93	90	91	91	88	90	89	87	90	88	90	86	91	89	97	95	95	84	94	98
	Tuscany	Bolgheri	91	85	91	93	93	96	95	93	94	93	93	94	90	83	97	89	90	93	94	90	93	83	89	84	87	95
		Chianti Classico	92	83	91	91	92	96	94	93	94	93	91	93	91	83	95	91	96	91	97	90	96	91	90	84	88	96
		Brunello di Montalcino	91	83	91	92	93	98	95	93	97	97	92	94	87	83	91	89	94	90	98	86	96	90	90	83	91	96
		Maremma	90	84	91	90	90	94	92	90	92	91	90	92	90	82	96	89	90	92	97	90	93	83	88	NR	92	97
	Umbria	Reds	90	83	89	90	90	93	92	90	92	92	90	93	92	84	91	90	91	96	94	86	94	88	91	80	87	97
	Marche	Verdicchio	90	86	89	91	90	92	91	90	91	90	91	91	88	87	96	88	89	90	90	83	94	85	88	82	84	96
		Conero/Rosso Piceno	90	83	89	88	90	92	91	90	92	92	90	90	89	89	90	89	87	89	91	82	95	85	87	81	85	97
	Abruzzo	Reds	90	83	88	90	90	93	92	90	91	92	91	90	87	88	92	93	92	92	91	81	93	92	92	85	83	96
	Campania	Reds	90	84	89	92	92	93	93	92	94	93	94	90	89	88	90	92	94	93	95	92	94	93	90	82	86	96
		Whites	91	86	92	92	92	93	93	92	94	94	93	92	90	93	94	95	92	90	90	89	92	90	89	81	85	94
	Basilicata	Aglianico del Vulture	90	82	89	91	92	94	93	92	94	93	94	90	89	89	96	95	94	94	93	93	84	93	93	83	82	95
	Puglia	Reds	90	82	89	90	90	92	92	90	90	90	91	89	88	83	90	97	92	93	84	91	87	97	93	92	96	97
	Sicily	Reds	92	93	88	92	91	90	88	90	93	92	94	90	91	87	84	86	83	87	87	87	93	95	90	85	90	88
		Whites	91	94	89	90	90	91	88	90	90	90	91	88	90	86	86	86	83	87	84	90	94	94	87	85	90	86
	Sardinia	Reds	91	94	90	91	91	92	92	90	90	90	91	90	88	93	92	93	91	90	90	88	92	92	86	84	91	85

Country	Region	Appellation/Type	2015	2014	2013	2012	2011	2010	2009	2008	2007	2006	2005	2004	2003	2002	2001	2000	1999	1998	1997	1996	1995	1994	1993	1992	1991	1990
SPAIN	Catalonia	Reds	92	84	84	89	90	92	90	87	85	87	94	91	86	85	93	89	90	88	88	89	91	91	89	80	82	88
	Rioja	Reds	92	84	85	90	92	94	91	86	86	88	93	94	84	84	95	87	90	88	85	89	95	94	85	84	90	90
	Ribera del Duero	Reds	93	84	84	91	93	95	92	85	85	88	94	92	84	86	93	88	89	88	87	89	95	92	NR	82	94	
	Galicia	Whites	90	84	85	90	88	93	90	88	88	87	94	91	85	86	92	88	90	87	86							
GERMANY	Mosel-Saar-Ruwer	Whites	94	88	89	92	93	93	95	90	94	93	96	90	93	91	96	85	90	89	89	93	93	92	90	87	85	95
	Rhine Regions	Whites	94	89	90	92	93	92	94	88	96	94	95	88	94	94	95	84	91	89	88	95	88	92	87	87	85	94
	Franken	Whites	93	90	90	91	90	89	92	90	96	92	90	88	88	90	95	85	90	88	88	93	88	93	88	86	85	94
PORTUGAL	Port		98	88	89	90	99	92	96	89	93	89	91	90	96	84	84	92	86	87	93	85	91	96	NR	93	92	85
	Table Wines	Reds	96	89	89	94	95	93	95	90	94	88	91	89	92	83	85	90	88	91	92	89	92	96	87	93	91	88
		Whites	94	93	93	92	91	92	91	92	90	87	88	85	87	86	88	89	90	89	90	90	89	90	90	88	90	89
AUSTRIA	Danube Regions	Whites	94	90	93	94	94	88	93	89	90	92	88	88	87	88	89	86	92	88	89	88	88	86	90	88	88	90
	Burgenland	Reds	93	88	91	90	92	90	93	90	88	93	85	89	91	89	90	90	91	88	92	85	87	90	92	92	89	92
		Sweet Wines	90	87	90	90	88	90	94	87	95	90	91	91	84	88	91	84	94	92	86	87	90	86	90	84	86	89

데 스테파니 프로세코

(De Stefani Prosecco)

잊지 못 할 두 번째 와인은 이탈리아 스파클링 와인 데 스테파니 프로세코 와인이다. 이 와인은 좋은 기억이 있어서 잊지 못하는 와인은 아니다. 나의 실수담을 적나라하게 떠오르게 만들어 주는 와인이다. 와인 바에 들어간지 얼마 되지 않았을 때 일이다. 저녁 시간 즈음 커플인 두 분이 오셨고 음식을 주문하고 스파클링 와인을 추천해달라고 했다. 가볍고 신선한 과일 풍미가 좋은 데 스테파니 프로세코를 나는 추천해 드렸고 와인을 준비해드렸다.

스파클링 와인은 와인 오픈 방법이 일반 와인과 조금은 다르다. 스파클링 와인은 탄산 압력이 강해 코르크를 막고 철사로 고정시켜 둔다. 와인 오프너가 필요 없고 오픈을 할 때는 병을 45도 정도 기울인 다음 한 손으로 병 끝을 잡고 한 손으로 코르크 마개를 돌려가며 조심스럽게 빼내야 한다. 물론 뻥 소리가 나지 않게 말이다. 웬만하면 큰 실수를 잘 하지 않는데 그날따라 와인이 오픈이 잘 되지 않았고 코르크를 살짝 빼낸다고 빼냈지만 왜 슬픈 예감은 틀리지 않는지 데 스테파니 프로세코는 펑 소리와 남자분의 얼굴에 쏟아져 나갔다. 누군가 그 순간만 보면 내 여자친구와 바람이라도 펴서 내가 그 현장을 목격한 것처럼 와인은 그 남자분 얼굴에 적셔있었다. 다급히 사과를 드리고 또 드렸다. 충분히 화나고 짜증을 낼 수 있는 상황이었는데, 그분은 화를 내지 않으셨고 괜찮다며 오히려 당황한 나를 다독거려 주셨다.

얼른 상황을 수습하고 서비스로 치즈 플레이트를 드리면서 다시 사과를 드렸다. 또 웃으시면서 얼굴 한번 적실만 하다며 너털웃음 지어주셨다. 지금 다시 생각해봐도 정말 고마우신 분이다. 다시 한번 이 글을 통해 감사를 드리고 싶다. 잘 마무리를 짓고 있다가 잠시 뒤에 그 남자분이 나를 불렀다. 프로세코 와인을 다 드시고서 너무 괜찮았다며 한 병 더 달라고 하셨다.

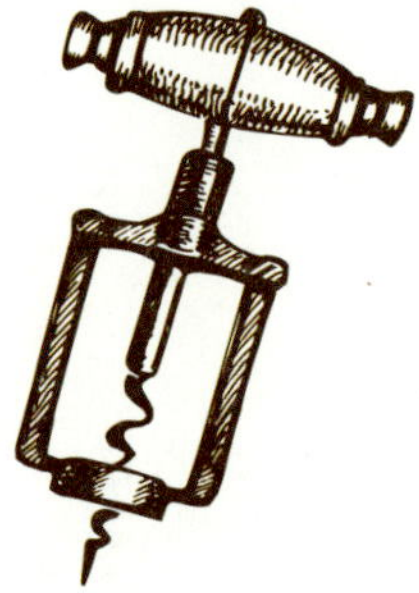

소믈리에에게 손님이 내가 추천해준 와인을 맛있게 마셔주는 것만큼 큰 보람은 없지만 보람과 동시에 묘한 두려움이 나를 찾아왔다. '내가 오픈을 해야 하나' 고민을 하고 있는 찰나에 매니저님이 할 수 있겠냐고 물었다. 사실 뭐 와인 오픈이 대단히 뭔가가 있는 것은 아니다. 괜히 겁먹고 이거 오픈을 안 하면 이 일이 계속 마음에 걸릴 것 같아 다시 잘 하겠다고 하고 데 스테파니 프로세코를 들고 그분께 갔다. 이번에는 오픈 잘 해드리겠다며 밝은 척 미소를 지었지만 그때 나는 긴장하고 있었다. 덩달아 손님도 약간 긴장하는 것을 느꼈다. 그 모습을 슬쩍 보고 정말 있는 힘을 다해 아주 천천히, 천천히 코르크를 돌려 오픈을 했고 무사히 오픈을 해서 와인을 드렸다. 코르크 마개를 너무 강하게 쥔 나머지 손은 얼얼했지만 마음만큼은 뿌듯했다.

아마 그때 내가 다시 오픈을 하지 않았다면 앞으로 스파클링 와인을 오픈하지 못하지 않았을까. 데 스테파니 프로세코는 내게 이런 기억이 있는 와인이다. 실수담은 잊고 싶은 기억일 수도 있지만 원래 잊고자 하는 것은 잊지 못하는 것이라고 하지 않았던가. 그때를 생각하면 뜻하지 않게 와인 샤워를 했던 그 남자분이 떠오른다. 또 그때의 어설펐던 내 모습이 많이 떠올라 아련한 웃음이 난다.

〈좋은 와인의 세 가지 조건〉

1. 복합미가 느껴지는 와인
2. 전체적인 맛의 밸런스가 좋은 와인
3. 여운의 길이가 긴 와인

Wine

와인 읽어주는 남자

Part.3

테이스팅, 간략하고도 전략적인 활용법

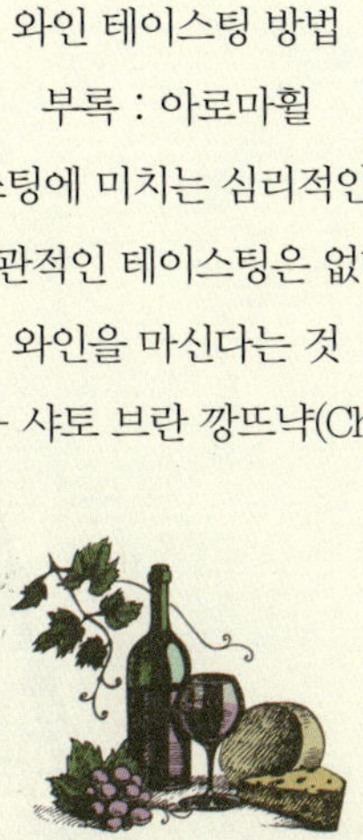

Part. 3

테이스팅, 간략하고도 전략적인 활용법

표현만으로 맛을 알 수 있을까?

이 세상에 존재하는 와인 맛은 와인 병 수와 같다고 한다. 같은 와인일지라도 한 병, 한 병 모두 맛이 다르다는 것이다. 나는 여기서 하나를 더 곱하고 싶다. 이 세상에 존재하는 와인 맛은 세상에 모든 와인 병 수 곱하기 모든 사람의 수. 사람마다 느끼는 것이 다르기에 이 세상의 와인 맛은 존재하는 와인 병 수 곱하기 이 세상 사람의 수가 되어야 정확하지 않을까.

최근에 뜨거운 방송 열풍이 있다면 바로 쿡방일 것이다. 지금은 조금 많이 주춤하는 추세지만 여전히 다양한 먹거리, 마실거리 방송을 볼 수 있다. 여러 방송을 보면서 늘 궁금했던 것은 과연 맛을 표현하는 게 어디까지 가능한 지에 대해서이다. 맛이라고 하는 것을 표현하는 것은 과연 가능한 일일까. 아니 그 표현을 보면 그 맛이 무슨 맛인지 우리는 알 수 있을까?하는 질문이 떠올랐다.

조금만 생각해보면 답은 간단하다. 달다, 짜다, 시다, 쓰다 등의 감각의 표현과 요리에서 무슨 향이 나며 대체로 질감이 어떤지에 대한 표현만으로 그 음식의 맛을 이해하기는 당연히 힘들다. 내가 직접 그 음식을 경험한 맛이라면 대략적인 설명만으로도 충분히 그 맛을 알 수 있지만, 경험해보지 못한 맛이라면 그 맛은 어떤 표현을 들어도 제대로 유추하기가 힘들다.

씹히는 맛이 좋고 단맛과 고소한 맛이 잘 어우러져있으며 쫄깃하고 담백하다.

투명한 색상에 스파클링이 아주 많이 올라오고 스위트하고
산뜻한 신맛도 꽤 느껴지고 레몬, 라임 향이 느껴진다.

아무런 정보없이 단순히 위의 두 개의 표현만을 가지고 어떤 걸 먹고,

어떤 걸 마시고 난 후 표현한 것인지 알 수 있는 사람은 과연 얼마나 될까. 저 두 개의 표현은 위는 만두를 먹고 난 느낌을 표현한 것이고 아래는 사이다를 마시고 표현한 느낌이다. 우리가 흔히 일상에서 먹고 마시지만 특별히 머리를 쥐어짜서 추측하지 않는 이상 저 표현만으로 어떤 것을 말하는지 알 수 있는 사람은 없을 것이다. 결국 우리는 그 맛의 경험이 있어야 그 맛을 제대로 알지, 경험해보지 못한 음식과 음료를 위와 같이 표현한다고 해서 그 맛을 알 수는 없다.

이걸 와인에 비유하자면 결국 내가 맛보지 못한 와인 맛을 표현만으로 알 수는 없다는 뜻이다. 다음 표현을 보자.

① 진한 심홍색을 띠며 가장자리는 자주 색에서 루비색이 감돈다. 복합적인 향을 내며, 은매화 · 제비꽃 · 검은 과일들 · 초콜릿 · 바닐라 · 흙의 향이 난다. 맛 좋고 우아하며 깊이감과 농축미를 겸비한다.

② 블랙 체리색을 띠며 가장자리는 자주색이 감돈다. 숙성되면서 타일빛 붉은 색으로 변화한다. 강렬한 향으로, 짙은 색 과일들, 자두 · 가죽 · 야생 과일 · 향신료 · 흙의 향이 난다. 경이로운 복합미, 풍부하고 견고한 구조감, 숙성되고 나면 원숙해지는 타닌이 특징이다.

마스터 소믈리에가 두 개의 와인을 마시고 표현한 기록이다. 언뜻 보기에 크게 다르지 않은 두 개 와인은 첫 번째는 프랑스 보르도 와인을 마시고 표현한 것이고 두 번째는 이태리 토스카나 브루넬로 와인을 마시고 표현한 것이다. 나라도 다르고, 품종도 다르고 맛도 다르다. 실제로 두 개의 맛을 봐도 전혀 다른 맛을 나타낸다. 위의 두 개의 표현만으로 실제로 느껴질 맛의 차이를 우리는 쉽게 구분하기는 힘들다는 사실을 알 수 있다.

특히나 와인은 다른 종류의 술이 아니라 같은 와인이기 때문에 표현의 범위가 다른 스타일의 와인이어도 결국 반복될 수 밖에 없다. 와인 맛을 알아도 표현만으로 맛을 유추하기가 더욱 힘들다. 제 아무리 남들의 테이스팅기를 읽어봐도 내가 마셔보지 못한 와인의 맛을 알 수는 없다는 사실을 본격적인 테이스팅 방법을 배우기 전에 분명 알고 있어야 한다.

점수가 높고 비싼 와인은 왜 더 맛있을까?

편견에 자유로울 수 있는 사람은 없다. 와인에 대한 편견도 마찬가지이다. 와인의 맛과 가격이 일정 비례하는 것은 사실이지만 어느 정도 선에 다다르면 그것이 무의미해진다. 개인적으로 느끼는 게 다르겠지만 나는 그 기준을 15만 원~20만 원 정도로 생각한다. 그 이상 가격의 와인을 단순히 품질과 맛으로 따지는 일 자체는 참으로 무의미한 일이다. 인간의 혀는 생각보다 그리 현명하지 못하다. 실제로 색상이 보이지 않는 검은 글라스에 레드 와인, 화이트 와인을 따라서 구분하라 주면 레드 와인과 화이트 와인을 제대로 구분을 못 하는 경우도 상당하다. 또한 와인을 상당히 배운 사람들 역시 오로지 테이스팅으로만 같은 와인을 구분하기 힘들다는 것은 모두가 은연중에 침묵하지만 이미 받아들이는 사실이다.

얼마전 읽었던 책 '1만 시간의 재발견' 171~172p 한번 살펴보면 이런 흥미로운 내용이 나온다.

많은 분야에서 '전문가'라고 널리 인정되는 사람들이 객관적인 기준으로 판단하면 사실 전문가가 아니다. 이런 현상의 예로 내가 자주 드는 사례 중 하나가 와인 '전문가'다. 일반적으로 와인 전문가라고 하면, 고도로 발달한 미각을 통해 일반인에게는 분명하지 않은 와인들 사이의 미묘한 차이와 분위기를 감지할 수 있으리라고 생각한다. 그러나 연구 결과를 보면 와인 전문가들의 능력이 많이 과장되었음을 알 수 있다. 개별 와인에 부여하는 등급이 전문가별로 차이가 많이 난다는 것은 널이 알려진 사실이다.

그런데 2008년 와인 경제학 잡지에 실린 기사를 보면, 와인 전문가들끼리 일치된 평가를 내리느냐는 차치하고 자기 스스로도 같은 와인에 대한 평가를 일관성이 없는 것으로 나타났다. 캘리포니아에서 소형 와인 양조장을 운영하고 있는 로버트 호지슨은 캘리포니아 주 축제에서 열리는 연례 와인 품평회 심사위원장에게 연락을 해서 한 가지 실험을 제안했다. 매년 열리는 캘리포니아 와인 품평회에는 수천 가지 와인이 출품되는데, 심사위원 한 명이 앞에 놓인 30가지 와인을 동시에 시음하면서 점수를 매기는 방식이다. 어떤 와인인지는 알 수 없기에 심사위원은 평판 같은 다른 요인에 영향을 받지는 않는다. 호지슨은 이렇게 늘어놓은 30가지 와인 속에 같은 와인을 세 잔 놓는 방법을 제안했다.

심사위원들은 같은 와인에 같은 등급을 매길까, 아니면 다른 등급을 매길까? 심사위원장의 동의하에 호지슨은 2005년부터 2008년까지 연달아 4년 동안 이 실험을 진행했다. 결과적으로 세 번의 동일한 와인 시음에서 비슷한 등급을 매긴 심사위원은 매우 드물었다. 일반적으로 같은 심사위원이 동일한 와인에 +,−4점 정도 다른 점수를 주었다. 즉 같은 와인에 한 번은 91점을 주고, 한 번 87점, 한 번은 83점을 주는 식이다. 이는 상당한 점수 차이다. 91점짜리 와인이면 고가에 팔리는 좋은 와인이고, 83점이면 그저 그런 와인이다. 일부 심사위원은 세 번의 시음에서 한 번은 금메달감이라고 했다가 두 번째는 동메달 정도밖에 안된다고 하거나 전혀 메달감이 아니라는 식으로 낮은 점수를 주기도 했다. 그렇다면 특정 해에 다른 심사위원보다 일관성 있는 점수를 내놓은 심사위원이 다른 해에도 그럴까? 호지스가 4년간 비교해본 결과 그런 일관성도 유지되지 않았다. 여러 연구 결과를 보면 많은 분야에서 소위 '전문가'가 그만그만하다는 평가를 받는 이들보다 확실히 나은 실력을 보여주지 못하며, 해당 분야의 훈련을 전혀 받지 않은 문외한보다 나을 것이 없는 경우도 적지 않다.

이 책에서는 전문가의 함정 예시로 '와인 전문가의 미각 능력'을 두고 있지만, 와인 전문가는 테이스팅 전문가가 아니다. 이 책의 저자가 말하고자 하는 바에 대한 예가 적절치 않다고 언지를 주고 싶지만 그걸 떠나서 현지에서 와인을 교육받고 와인을 심사할 정도의 실력을 갖춘 사람들 역시 동일한 와인을 한 번은 83점 한 번은 91점을 주었다는 것은 우리에게 시사하는 바가 크다.

와인을 마시고 평가하는 일은 우리가 잘 느끼지 못하지만, 심리적인 부분이 굉장히 크게 작용한다. 유난히도 더 비싸고 더 고급스러운 와인에 그렇게 찬란하고도 황홀한 평가들이 많은 쏟아지는 이유는 이미 우리가 그 와인이 비싸고 고급스럽기 때문에 '가치'가 있다고 판단하기 때문이다. 맛이 아닌 가격, 등급, 마케팅 등 외부적인 요인이 크게 작용하여 마시기 전부터 이 와인은 이미 좋은 와인이라는 편견을 가지게 되기 때문인 것이다. 이 외에도 다양한 변수가 많다.

마지막으로 오해의 여지가 생길까 덧붙인다면 비싼 와인이 나쁘다는 것이 아니다. 다만 자본주의 세상에서는 그 어떤 상품도 희귀성의 원칙에 따라, 또 수요와 공급에 따라 가치와 가격이 결정된다. 가치가 있는 상품은 당연히 그만한 가격을 하는 것이 세상의 이치다. 비싼 와인은 그 나름의 이유가 분명 있다. 훨씬 더 품질 좋은 포도와 철저한 관리로 만들어지기 때문에 그 맛의 차이가 분명히 느껴진다. 다만 무작정 비싼 와인이 좋다는 생각은 마땅히 지양되어야 하고 내가 그 와인의 가치를 모르고 있다면 아무리 비싼 와인을 마셔도 그 가격이 합당하다는 맛을 느끼지는 못할 것이다. 즉 어떤 와인을 마시든 간에 맛이 있어 가치가 있는 것인지 가치가 있어 맛이 있는 것인지 한 번쯤 생각해 본다면 와인 맛에 대한 좀 더 넓은 관점은 가질 수 있을 것이다.

와인 테이스팅 방법

이제 본격적인 와인 테이스팅 방법을 알아보자. 와인 테이스팅을 많이 어렵게 생각하지만 조금만 익숙해지면 특별히 어려울 건 없다. 테이스팅 양식이나 기준은 와인 교육기관, 여러 와인 협회들마다 모두 다르다. 어느 것이 정확하다 아니다 할 문제는 아니다. 각 기관이나 협회가 추구하는 방향에 알맞게 만들어지는 테이스팅 양식들이기 때문에 저 마다의 특징이 있다. 다만 자세히 살펴보면 다르다고는 하지만 약간의 정도의 차이나 방식의 차이이지 완전히 크게 다른 테이스팅 양식이나 기준은 없다. 결국에는 눈, 코, 입을 통해 와인을 테이스팅하고 결론을 내리면 끝나는 과정이다. 지금 여기 지면에 설명하는 것도 전문적인 테이스팅 양식지라기보다 일반 소비자 기준에서 보편적으로 많이 활용할 수 있는 테이스팅 양식을 실었다.

〈시각〉

시각에서 가장 중요한 것은 와인의 색상이다. 와인의 색상에 따라 우리는 와인이 숙성이 어느 정도인지, 어떤 맛인지 대략적으로 유추가 가능하다. 다만 변수가 너무 많은 부분이기에 쉽게 단정하기도 힘들다.

레드 와인의 색상	보라색 – 루비색 – 적벽돌색 – 갈색
화이트 와인의 색상	레몬색 – 황금색 – 호박색 – 갈색

와인의 기본적인 색상 변화는 위와 같다. 레드 와인의 경우 오래된 와인일수록 색깔이 더 연해지고 화이트 와인의 경우 오래될수록 색깔이 진해진다. 와인을 45도 정도 기울였을 때 림(가장자리)과 코어(중심부) 부분을 살펴보면 레드 와인의 경우 어린 와인일수록 림과 코어의 색상 차이가 나지 않아 림의 넓이가 좁고, 오래된 와인일수록 림과 코어의 색상 차이가 뚜렷해서 림의 넓이다 넓다. 화이트 와인은 그 반대의 개념이지만 화이트 와인색 특성상 레드 와인에서는 만큼 구분이 쉽지 않아 실제로 판단을 하기에는 무리가 있다.

와인의 성격을 판단할 수 있는 시각적인 요소가 또 하나 있는데 바로 와인을 돌리고 나서(스월링) 와인 잔을 타고 흐르는 방울이다. 마랑고니 효과라고도 하며 와인을 몇 차례 돌리고 나서 잔에서 떨어지는 방울의 속도가 느릴수록 당분이 있거나, 알코올이 높은 와인이라는 것을 예측할 수 있다.

〈후각〉

후각에서는 가장 핵심의 향의 강도가 어떤지, 어떤 향이 나는지를 주로 보면 된다.

향의 강도	약한 - 중간 - 강한
향 특징	

와인 향은 기본적으로 1차, 2차, 3차 향으로 나누어진다. 1차 향이란 포도 자체에서 나는 과일, 꽃 계열의 향이다. 2차 향은 와인을 양조할 때 발효과정에서 생기는 향을 말하는 것이고, 대표적으로 효모, 버터, 오크적인 느낌들이 2차 향에 포함이 된다. 가끔 굉장히 우유, 요구르트 등의 유제품 향이 강한 와인을 볼 수 있는데 이런 와인들은 와인 양조시 2차 발효로 진행하는 유산발효 과정을 과하게 진행하면서 생기는 향이다. 3차 향은 숙성과정에 생기는 향을 말하고, 오크 숙성으로 인한 바닐라, 코코넛, 정향, 토스트, 커피 등의 향과 병 숙성 과정에서 생기는 가죽, 숲 속, 야생동물, 담배, 젖은 잎 등의 향이 있다. 1차, 2차를 일컬어 흔히 아로마라고 표현을 하며 3차 향은 부케라고 한다. 2차와 3차 향의 향의 범위는 조금 중복되는 되기도 해서 2차 향의 일부도 부케의 범위까지 포함 시키기도 한다. 이런 향들은 모든 와인에 공통적으로 적용되는 것이다. 까베르네 쇼비뇽과 피노 누아는 품종 특징이 상당히 많이 다르지만 모두 영한 빈티지에서는 1,2차 향이 많이 나고 오래된 빈티지일수록 3차 향 오크, 병 숙성된 향이 많이 나는 것은 동일하다.

〈와인 향 분류표〉

〈1차 향〉

과일	레몬, 오렌지, 자몽, 사과, 모과, 구즈베리, 배, 복숭아, 파인애플, 망고, 블랙 커런트, 레드 커런트, 블랙베리, 블루베리, 딸기, 산딸기, 자두, 체리, 크랜베리, 무화과, 건포도 등
꽃	아카시아, 제비꽃(바이올렛), 장미, 캐모마일, 국화, 라일락, 딱총나무 꽃(엘더플라워) 등
허브 / 식물	피망, 잔디, 아스파라거스, 블랙커런트 잎, 박하, 민트, 유칼립투스 등
향신료	후추, 감초, 월계수, 계피 등
광물	부싯돌(미네랄), 젖은 돌, 분필 등

〈2차 향〉

효모, 젓산발효	효모, 비스킷, 빵, 우유, 버터, 요구르트, 토스트, 치즈 등

〈3차 향〉

오크 숙성	바닐라, 정향, 육두구, 코코넛, 삼나무, 훈제, 초콜릿, 커피, 토피, 아몬드 등
병 숙성	말린 과일, 휘발유, 가죽, 버섯, 건초, 숲, 흙, 야생동물, 젖은 잎, 담배, 사향 등

〈결점 향〉

결점	젖은 걸레, 아세톤, 젖은 신문지, 삶은 양배추, 썩은 달걀, 하수구, 이끼, 상한 버터, 썩은 물 등

〈미각〉

입안에서는 보통 7가지 기준으로 와인에 대한 맛을 판단할 수 있다.

〈미각〉

당도	드라이 - 중간 드라이 - 스위트
산도	낮은 - 중간 - 높은
탄닌	적은 - 중간 - 많은
바디	가벼운 - 중간 - 무거운
알코올	낮은 - 중간 - 높은
여운	짧은 - 중간 - 긴
풍미 특징	

와인에서 느껴지는 맛을 적은, 많은 혹은 낮은 높은 등으로 비교적 쉽게 구분 할 수 있지만 가장 중요한 문제는 구분 자체가 아니라 이런 구분 속에서 어느 정도의 차이가 나야 적고 많은지, 낮고 높은지를 표현할 수 있는지 기준에 대한 문제가 된다. 시음자의 컨디션이나 어떤 맛에 민감한지에 따라 차이가 많이 날 수 있는 부분이기도 하지만 보편적으로 통용되는 판단 기준을 아래와 같이 제시한다.

드라이(Dry)라는 표현을 정말 많이 오해해서 사용하곤 하는데 드라이하다는 무겁다거나 떫다거나 쓴맛이 많다거나 할 때 사용하는 표현이 아니다. 단 맛이 느껴지지 않는 와인은 모두 드라이라고 표현할 수 있고 약간의 단맛이 느껴지면 중간 드라이, 세미 스위트 등으로 표현한다. 우리가 흔히 일상에서 많이 접하는 모스카토 다스티는 스위트 와인이다.

산도는 쉽게 말하면 신맛의 정도를 나타낸 것으로 혀 양쪽에서 가장 잘 느껴진다. 구분 정도는 혀에서 침이 쫘악 한번 고인다면 산도가 높다고 표현할 수 있다. 보통의 화이트나 레드 와인의 경우 산도가 낮은 경우는 없다 기본적으로 화이트 와인은 웬만하면 높은 산도를 가지고 있고 레드도 아무리 없다고 해도 중간 정도의 산도는 대부분 가지고 있다.

탄닌은 포도의 껍질이나 씨 혹은 줄기에서 많이 추출되는 페놀 성분으로 혀를 퍽퍽하고 거칠고 마르게 한다. 떫은맛이나 쓴맛에 영향을 준다. 잇몸이나 입술에 와인을 적셔 어느 정도의 느낌이 나는지에 따라 구분을 하기도 하며 탄닌이 많다고 해도 거칠지 않고 부드럽고 매끄러운 느낌을 줄 때도 있고(좋은 와인) 탄닌이 낮더라도 훨씬 거칠한 느낌을 주기도 하기 때문에 정확한 구분을 위해서는 다양한 와인을 시음해봐야 한다. 화이트 와인에서는 따로 탄닌이 없어 평가 요소에서 제외된다.

바디는 와인의 무게라고 생각하면 된다. 물, 우유, 두유, 꿀을 각각을 입에 머금었을 때 혀에 눌려지는 무게감이 다를 것이다. 물은 굉장히 가볍고 우유는 꽤 묵직하면서 두유는 우유보다 훨씬 묵직한 느낌을 준다. 꿀은 훨씬 더 무겁다. 와인도 마찬가지로 입에 머금었을 때 가벼운 것이 있고 묵직한 것이 있으며 바디는 알코올의 영향을 가장 많이 받기에 알코올이 높을수록 바디가 무겁다.

알코올은 와인을 마시고 난 뒤 목에 뜨거운 느낌으로 구분할 수 있다. 앞서 알코올에 따라 와인 성격을 구분한 것처럼 설명했던 것처럼 13.5%를 중간으로 보고 14도 이상으로 올라가면 높고, 13도 아래로 내려가면 낮다라고 표현할 수 있다.
(전 세계적으로 유명한 영국의 와인 교육기관 WSET에서는 낮은 11%, 이하 중간은 11~13.9%, 높은 14% 이상으로 구분해놓았다.)

피니시(여운)는 와인을 마시고 났을 때 남은 풍미나 감각의 길이가 어떤 보는 것이다. 여운이 긴 와인일수록 좋은 와인으로 평가되지만 여운을 판단하는 것은 조금은 애매할 수 있는 부분이 많다. 특정한 하나의 풍미나 감각이 오래간다고 해서 여운이 길다고 말하지는 않는다. 즉 쓰거나 떫은맛만 엄청 오래 남아있다고 해서 여운이 길다고 하지 않는다는 것이다. 전체적인 좋은 느낌이 길게 남아 있어야 여운이 좋다 혹은 여운이 길다고 표현할 수 있다.

거기다 추가로 풍미는 와인을 입안에 머금었을 때 공기를 한번 스읍하고 들이켰을 때 느껴지는 향이다. 대개 코에서 느꼈던 비슷한 느낌을 가지지만 코에서 느낀 것만큼 향을 잘 느낄 수는 없다. 또 과일이나 꽃의 향들은 입안에서 잘 느끼기 힘들다. 오크, 향신료, 흙 등의 풍미는 입에서 더 잘 느껴지기도 한다.

〈결론〉

〈결론〉

결론	

결론은 이제 앞서 시각, 후각, 미각에서 판단한 와인의 모든 요소를 가지고 품질의 정도나 숙성의 정도 가격대비 등 자신이 생각하는 이 와인에 대한 최종적인 결론을 내는 것이다.

〈시각〉

레드 와인의 색상	보라색 – 루비색 – 적벽돌색 – 갈색
화이트 와인의 색상	레몬색 – 황금색 – 호박색 – 갈색

〈후각〉

향의 강도	약한 – 중간– 강한
향 특징	

〈후각〉

당도	드라이 – 중간 드라이 – 스위트
산도	낮은 – 중간 – 높은
탄닌	적은 – 중간 – 많은
바디	가벼운 – 중간 – 무거운
알코올	낮은 – 중간 – 높은
여운	짧은 – 중간 – 긴
풍미 특징	

〈결론〉

결론	

지금까지 알아 본 테이스팅 가이드가 특정 감각에 대한 수치를 표현하는 방식이라면, 지금 알아볼 표현은 맛에 대한 표현들이다. 와인을 마시면서 많이 사용할 수 있는 표현들로, 분명한 정의가 있지만 다소 주관적인 영향을 많이 받는 것은 어쩔 수 없는 부분이다. 그렇지만 이런 표현들을 익혀두면 큰 맥락에서 표현의 정의를 이해하게 도와주고 와인 맛을 표현하는 데 훨씬 더 유용할 것이다.

- 중간 산도 ~ 높은 산도 표현 – 날카로운, 찌르는, 시큼한, 상쾌한 등
- 낮은 산도~ 중간 산도 표현 – 싱거운, 밍밍한, 편평한, 선선한, 부드러운, 등

· 중간 탄닌 ~ 높은 탄닌 표현 – 거친, 텁텁한, 강한, 예리한, 빳빳한, 매끄러운, 벨벳같은 등
· 낮은 탄닌 ~ 중간 탄닌 표현 – 약한, 유연한, 부드러운, 등

· 바디의 추가 표현 – 힘없는, 연한, 부드러운, 매끄러운, 꽉 찬, 진한 등
· 알코올의 추가 표현 – 약한, 가벼운, 따뜻한, 온화한, 타는 듯한, 화끈거리는, 쓴 등

〈난해한 표현들 정리〉

*밸런스가 좋은

– 와인의 다양한 요소 중 하나가 특히 두드러지지 않고 조화를 잘 이룰 때 사용하는 표현

*우아한

– 지나치게 강조된 맛이 없고 밸런스가 좋고 부드러운 특징이 느껴질 때 사용하는 표현

*섬세한

– 풍부한 향을 느끼면서도 진하거나 무겁지 않을 때, 우아한 느낌과 다소 비슷한 느낌이지만 다른 뉘앙스의 표현

*구조감이 좋은

– 와인 맛을 이루는 각기 요소들이 밸런스가 무너지지 않고 탄탄한 인상을 줄 때 사용하는 표현. 밸런스와 조금 혼동될 수 있지만 조금 더 장기 숙성이 가능한 와인들에 많이 쓰이는 표현이다. 숙성 잠재력이

없어도 밸런스가 좋을 수는 있지만 숙성 잠재력이 없으면 보통 구조감까지 좋다고 표현하지는 않는다.

*복합미가 좋은

- 특정한 향이 집중되지 않고 1차, 2차, 3차 풍미가 복합적으로 느껴질 때 사용하는 표현

아로마 휠

부록

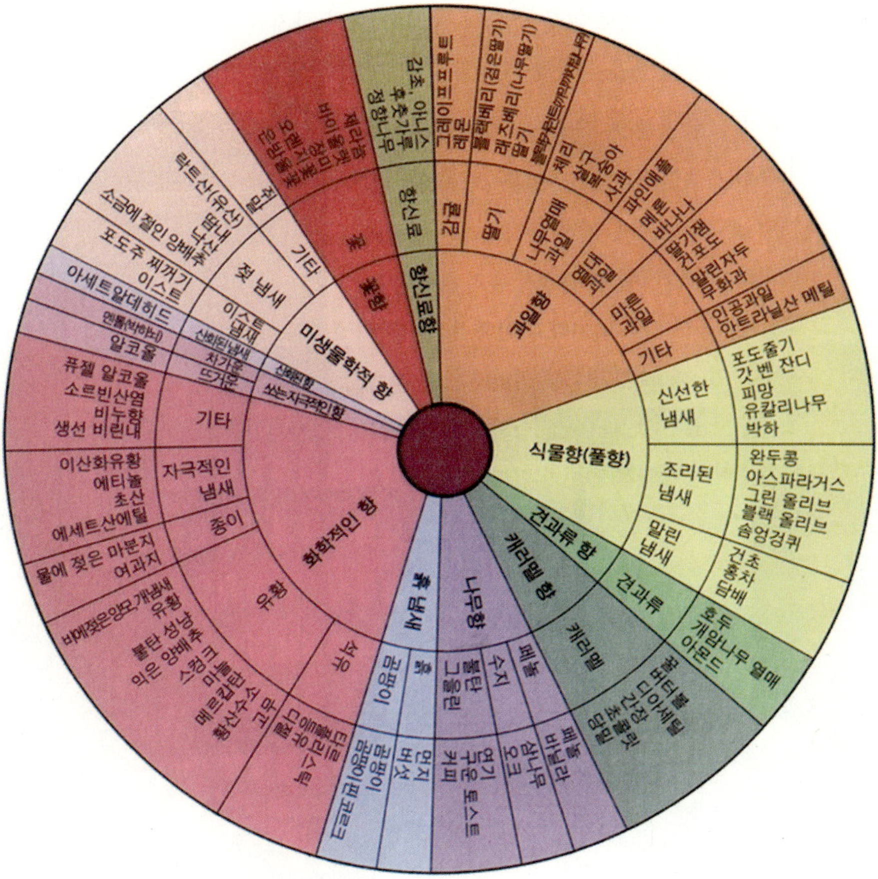

와인에서 느껴지는 향 분류표는 보통 외국에서 익숙한 과일과 꽃, 향신료 등의 향이라 한국인에게는 다소 어렵게 느껴진다. 레드 와인에서 가장 기본적인 블랙 커런트 같은 향도 우리가 인지하기에는 너무나 어려운 향이다. 우리는 블랙 커런트를 모르기 때문이다. 이때 유용한 방법은 아로마 키트를 활용하는 것인데 아로마 키트는 와인에서 날 수 있는 향을 모아 키트로 만든 제품이다. 하지만 금액대가 높아 구매하기가 부담스럽긴 하다. 아로마 키트로 향을 연습하는 것이 좋긴 하지만 현실적인 부분을 고려한다면 잼 등을 활용하는 것도 좋은 방법이 될 수 있다. 상대적으로 저렴하고 쉽게 구할 수 있는 블랙 커런트잼, 레드 커런트잼 등을 활용해서 와인에서 나는 향을 익힐 수 있다.

르네뒤뱅에서 출시된 아로마키트 제품으로 54 마스터 키트이다. 금액대는 90만원 전후.

테이스팅에 미치는 심리적인 요인

테이스팅을 할 때 나 자신은 오로지 객관적으로 이 와인을 평가하고 있다고 생각하는 경우가 대부분이지만 실은 우리는 우리도 모르게 너무나 다양한 테이스팅 변수에서 자유롭지 못하다. 앞서 계속 언급했던 심리적인 요인이 테이스팅에 많은 영향을 끼치는데 대표적인 심리적인 요인은 다음과 같다.

'권위자 편향', '기준점 편향', '플라세보 효과', '후광 효과'

'권위자 편향' 이란 그 정보가 맞든 맞지 않든 권위자가 말하는 말이라면 따로 의심하지 않고 그 정보를 받아들이는 심리이다. 전문가가 말하는 말이면 '그냥 그렇구나', '그게 맞구나' 하는 것이다. 최소한 나보다 와인을 좀 더 많이 알고 있는 사람이 이 와인에서는 블랙 커런트가 아닌 블랙베리 향이 난다는 이야기를 하면 실제로 그것이 블랙 커런트 향이 더 나도 우리는 블랙베리 향이 난다고 믿어버린다. 더 나아가 맛에 대해서도 내가 마음속으로 좋게 생각을 하고 있는 와인을 권위자가 '이러 이러한 맛 때문에 밸런스가 무너지고 별로다'라는 이야기를 하면 그 와인을 대하는 우리의 태도는 최소한 '나는 좋은데'라고 쉽게 이야기하지 못하는 것부터 해서 내가 좋은 와인이라 생각했던 것도 권위자의 말 한마디에 금세 별로인 와인으로 바뀌게 되어 버린다. 권위자의 권위가 높을수록 이러한 경향은 더 강하게 나타난다.

'기준점 편향'은 처음 내가 가지고 있는 정보가 기준이 되어 판단하는 것을 말한다. 와인을 테이스팅 할 때 많은 책이나 강의를 통해서 학습된 정보가 테이스팅 전반에 영향을 미치는 것이다. 가령 보르도 와인에는 블랙 커런트, 삼나무 향을 빼놓을 수 없는데 이미 내가 이 정보를 학습했기에 보르도 와인을 테이스팅 할 때는 테이스팅 하기 전부터 블랙 커런트와 삼나무 향이 느껴질 것이라고 생각하는 것이다. 분명 우리에게 익숙하지 않은 향임에도 불구하고 학습된 것을 그대로 느끼게 된다. 또 특정 품종에는 이런 향이 난다고 학습되었으면 그 품종의 와인을 테이스팅 할 때는 그 향을 이미 생각을 하게 되는 식이고 실제로 그 생각 그대로를 테이스팅에 반영한다. 또 이런 기준점 편향은 대비 효과와도 연결되는데 두 개 이상의 와인을 테이스팅 할 때 진한 와인을 먼저 테이스팅 하고 상대적으로 진하지 않은 와인을 테이스팅 하면 진하지 않은 와인이 기존에 느낄 수 있는 진한 정도보다 훨씬 낮게 느껴진다.

반대로 가벼운 와인을 먼저 테이스팅 하고 무거운 와인을 테이스팅 하면 무거운 정도를 훨씬 더 무겁게 느끼게 되는 것이다. 거기다 이렇게 와인을 마셨을 때는 처음 마셨던 와인의 감각이 아직 남아있어 다음 와인 테이스팅 할 때 그 감각과 같이 합쳐진 느낌을 전달받기에 정확하고 공정한 테이스팅은 실제로 많이 어렵다. 대개 와인 품평회에서는 진하고 오크 풍미가 강한 와인들이 수상을 많이 하는 경우가 많은데 이런 이유에는 기준점 편향이나 대비 효과가 연관이 있다. 아무리 블라인드 테이스팅으로 진행한다 해도 짧은 시간에 여러 와인을 비교해야 하기 때문에 상대적으로 강한 뉘앙스를 가진 와인들이 기준이 되어 좋게 평가하기 때문이다.

'플라세보 효과'는 의사가 아무런 약 효과 없는 약을 환자에게 처방해도 환자는 강한 긍정적인 믿음 때문에 의사가 처방해준 약이 효과가 없어도 병세가 호전되는 효과이다. 특히나 디캔팅, 브리딩, 스월링 등으로 와인이 대단히 변할 것 같은 강렬한 믿음이 실제 와인이 크게 변하지 않았지만 더 좋게 변했다고 느끼는 현상과 같다.

'후광 효과'는 하나의 좋은 현상이나 정보를 보고 나서 그 하나로 전체를 결론짓는 것이다. 가령 가격이 비싸거나 희소한 와인을 테이스팅 할 때는 순수하게 와인 맛 자체를 평가했을 때 보다 훨씬 더 좋게 평가를 하는 경우가 많은데 이런 경우가 대부분 다 후광 효과가 때문이다.

이 밖에도 테이스팅의 심리적인 변수는 너무나 많다. 또 하나 쉽게 빠지는 함정중 하나는 사람은 어떤 것을 평가할 때 특별히 양 끝에 있는 점수를 주기를 꺼려하는 경향이 있다. 즉 가장 낮은 점수나 가장 높은 점수를 잘 주지 않는 것이다. 어떤 와인의 특징이 낮거나 높은데도 이보다 극단적으로 더 낮고, 높은 특징을 가지는 와인이 있어 그것과 비교하여 중간의 선택을 많이 한다. 이러한 심리적인 요인들은 개별적으로 영향을 미치기보다 여러 요인들이 복합적으로 섞여 테이스팅에 영향을 미친다. 우리가 와인을 마시고 맛만으로 그 와인을 평가를 한다고 생각하지만 와인을 둘러싼 환경, 장소, 사람, 음식, 자신의 기호 등 여러 요소에 자극받아

심리적인 요인에 자유롭지 못한 경우가 대부분이다. 이러한 부분은 사람이 통제한다고 해서 모든 것을 통제할 수 있는 것은 아니다. 완전히 객관적인 테이스팅은 불가능하기에 어느 정도는 이런 심리 요인들을 의식적으로 느끼고 테이스팅을 하는 것이 조금이나마 덜 주관적인 테이스팅을 할 수 있는 방법이다.

객관적인 테이스팅은 이 세상에 존재하지 않는다.

객관적인 테이스팅은 이 세상에 존재하지 않는다. 앞서 밝힌 테이스팅의 변수도 문제지만 그보다 더 근본적으로 사람의 입맛이 모두 다르기 때문이다. 맛이란 사람이 살아온 문화와 환경에 따라 너무나 달라질 수 있는 문제이기에 맛으로 어떤 것을 평가하는 것에는 그 어떤 것도 완전한 객관성을 갖추기란 불가능이다. 그렇기에 완전히 객관성을 갖춘 테이스팅은 이 세상에 존재할 수 없다.

세계적인 와인 평론가 로버트 파커와 젠시스 로빈슨이 같은 와인을 두고 완전히 상반된 평가를 한 적이 있어 논란이 된 적이 있었다. 프랑스 샤토 파비 2003 빈티지의 와인을 젠시스 로빈슨은 20점 만점에 12점을 로버트 파커는 100점 만점에 98점을 준 것이다. 잰시스 로빈슨은 당시 "파비가 전통 생떼밀리옹 방식을 고수하지 못하고 파커가 좋아할 만한 메독 스타일로 바꿨다. 식욕을 완전히 떨어뜨리는 너무 익은 듯한 아로마와 풋

내는 보르도 레드가 아니라 늦게 수확한 진판델을 상기시킨다"라며 혹평했으며, 로버트 파커는 "완벽주의자인 오너의 노력으로 풍요함과 광물성, 표현력 그리고 고상함을 두루 갖춘 숭고한 와인이 탄생했다"고 극찬했다.

– 기사 참고 : http://www.segye.com/newsView/20170405003554

이 같은 사례만 봐도 객관적인 테이스팅이란 존재할 수 있을까란 의문이 들게 하고, 세계적인 와인 평론가들끼리 한 와인을 놓고 다르게 평가하는 경우는 이미 많은 사례가 있다. 아무리 세계적인 평론가들이라고 해도 결국에는 자신이 배워오고 근거로 삼는 기준이 조금씩 다르고 자신만의 기호성을 배제할 수가 없는 것이다.

단맛을 싫어하는 사람이 단맛을 좋아하는 사람보다 단 맛이 나는 와인을 좋게 평가할리 없고, 신맛을 즐기지 않는 사람이 신맛을 즐기는 사람보다 산도가 뚜렷한 와인을 좋게 평가할리는 없다. 테이스팅 전문가를 자처하는 사람들은 그들 나름대로 언어를 순화하고 자신의 혀가 대단히 객관적이라고 생각할지는 모르겠지만 애초부터 자신의 호불호에 따라 갈리는 맛을 객관성을 갖추어 이야기하는 것 자체가 '어불성설' 이다. (와인 생산국의 테이스팅 전문가들은 최대한 객관성을 갖추기 위해 같은 와인을 일주일에 한 번씩 테이스팅 하면서 같은 강도의 수치로 와인을 평가하는 훈련을 한다고도 한다. 굉장히 어렵고 힘든 훈련이다.)

몇몇 사람들이 말하는 와인 테이스팅의 객관성은 맛에 대한 객관성이라기보다는 보다 많은 사람들에게 통용되고 있는 보편적인 기준에 맞춰 와인을 이야기하는 것으로 이해하는 게 더 알맞은 것 같다. 여기서 말하는 보편적인 기준이란 여러 와인 협회가 제시하는 테이스팅 시스템에 맞춰 와인을 이야기하거나 보편적으로 통용되는 테이스팅 방법 기준에 맞춰 와인을 이야기 하는 것을 말한다.

앞서 언급했지만 테이스팅 가이드를 제시하는 협회마다 추구하는 테이스팅 방법은 모두 다르기에 세세한 것 하나하나가 같을 수는 없지만 그 큰 틀을 살펴보면 전혀 새로운 게 없고, 전혀 다른 게 없다. 꼭 그 보편적인 기준에 맞춰서만 이야기해야 하는가를 다시 묻는다면 꼭 그런 것은 아니다. 앞서 말했듯 기호에 따라 달라지는 것을 보편적인 틀에 가둘 수는 없다. 다만 그렇게 일정하게 합의된 약속 없이 개개인의 기준대로 판단을 한다면 한마디로 특정 와인을 평가하는 데 있어서는 평가할 기준과 척도가 사라지기 때문에 굉장히 난잡하고 복잡하게 얽혀지는 문제가 발생한다. 그렇기에 우리는 여러 와인 협회가 제시하는 테이스팅 시스템에 따라 와인을 이야기하는 것이 서로가 그 와인을 평가함에 있어 기본적인 이해가 가능하다.

단순하게 정리하자면 이렇다. 내가 5kg의 아령으로 운동을 한다고 하자. 그때 이 5kg는 힘이 센 사람에게는 생각보다 무겁지 않을 것이다. 하지만 힘이 약한 사람에게는 5kg 아령조차 버겁게 느껴진다. 개인에 힘에 따라 무게를 어떻게 느끼는지 달라지기 때문에 5kg 아령을 들고도 무겁다, 가볍다는 표현을 할 수 있다.

그러나 이제 우리가 5kg는 무겁다는 합의된 약속을 한다면 5kg를 들면 무겁다고 표현을 하는 게 일반적이고 보편적인 표현이 되는 것이다. 이제 5kg는 무겁다고 표현할 수 있지만 이 5kg의 아령으로 운동을 하는 것이 적당한 지 아니면 더 무거운 것 혹은 좀 더 가벼운 걸로 운동하는 것이 적당한 지는 개인의 취향이고 기호의 문제로 볼 수 있다.

5kg 아령을 무겁다고 말하는 것은 와인을 보편적인 기준에 맞춰 이야기하는 것으로 볼 수 있고, 이 5kg 아령이 자신에게 적당한지 적당하지 않은지 개인의 문제라는 것은 와인의 맛을 평가하는 것으로 예를 들면 좀 더 이해가 쉬울 것 같다.

와인을 마신다는 것

앞서 와인 테이스팅 하는 방법을 간략하고도 전략적으로 서술했지만 모든 와인을 꼭 저렇게 테이스팅 하면서 마셔야 하는 것은 아니기에 스트레스는 받지 않았으면 좋겠다. 나는 와인을 테이스팅 할 때마다 한편으론 이런 생각이 들기도 한다. 어떤 와인이든 양조자의 정성과 노력이 담겨있고 그만의 철학과 소신이 바탕이 된 와인을, 그 수고를 뒤로한 채 한낱 내가 뭐라고 감히 좋다, 나쁘다를 판단할 수 있을까? 우리가 와인을 마시는 소비자이기에 판단을 하는 것은 당연한 권리라고 여기면서도 만든이의 온전한 의도를 이해하지 못하면서 평가를 내리는 것에 대해 늘 미안한 마음도 가지고 있다.

뭐 어쨌든 그런 걸 떠나서 와인을 마시는 건 정말 즐거운 일이다. 좋아하는 사람들과 맛있는 음식을 마시면서 또 맛있는 와인을 마실 수 있다는 건 인간이 누릴 수 있는 최대의 행복 중 하나가 아닐까. 좀 더 많은 사람

들에게 와인이 친숙해졌으면 좋겠다. 여러 품종과 다양한 맛을 알아가면서 또 맛있는 음식과 매칭하면서 나만의 와인, 그리고 소중한 추억이 담긴 와인을 만들어 가는 것은 참 뜻깊고 의미 있는 일이다.

즐겁게 즐기자. 맛에 대한 탐구를 원하는 사람이 있다면 가격이 비싸든 싸든 최소 2병 이상의 와인을 구매해서 함께 마셔보면 좋을 것 같다. 특정한 주제를 정한다면 더 좋고. 나도 한 달에 한 번 정도 와인을 좋아하는 사람들끼리 모여 테이스팅을 한다. 국가별 품종에 따라 어떻게 맛이 달라지는지, 같은 와이너리 같은 품종을 사용해 만든 와인(바롤로 vs 바르바레스코 등)이 어떻게 다른지, 보르도 와인을 등급별로 테이스팅 하면 어떤 차이가 나는지 등등 다양한 주제를 가지고 한 달에 한 번 테이스팅 하는 모임을 갖고 있다. 이런 모임과 공부를 통해 와인 테이스팅 실력을 늘

리고 이론 상에서만 접했던 와인의 느낌을 배우고 서로의 평가를 공유하고 또 기록한다면 더 즐겁게 와인이라는 술을 탐구할 수 있다. 꼭 비싸고 이름있는 와인만을 고집하고 또 그것을 자랑하는 문화가 아니라 와인을 좀 더 다양하고 재밌게 즐기는 문화가 만들어지고 그런 분위기가 형성되기를 바란다.

샤토 브란 깡뜨냑
(Chateau Brane Cantenac)

샤토 브란 깡뜨냑은 프랑스 보르도 그랑 크뤼 클라쎄 2등급 마고 지역의 와인이다. 이 와인을 잊지 못하는 이유는 꽤 오래전 일 때문이다. 브란 깡뜨냑은 내가 와인을 공부하고 처음으로 마셔 본 그랑크뤼 와인인데 금액대가 보통 8~10만 원 초중반까지 한다. 그랑 크뤼 와인을 마시기 전에 나에게 그랑크뤼 와인은 마치 만화 요리왕 비룡에 나오는 수많은 사람들이 비룡의 요리를 먹고 감탄을 하는 것처럼 그런 감탄을 주지 않을까 하는 기대를 가지게 하는 와인이었다.

우연한 기회에 학교 선배 누나들 덕분에 이 와인을 마실 수 있었는데 혼자 속으로 온갖 기대를 하며 브란 깡뜨냑 첫 모금을 마신 순간 기대가 실망으로 돌변했다. 정말 온갖 생각이 다 들었다. 그랑 크뤼 2등급이나 하는 녀석이 보통의 와인과 크게 다르지 않다는 것을 깨닫고 굉장히 큰 충격을 받았었다. 크게 다르지 않다는 의미는 상대적인 거라 부연 설명을 좀 하자면 나는 이 당시 그랑 크뤼 와인 정도되는 와인을 마시면 드넓은 알프스산맥을 뛰노는 한 마리의 노루가 내 눈앞에 보여야 하고 태평양을 멋스럽게 가르는 커다란 고래가 내 눈앞에서 물이라도 쏟아 올리는 것만 같은 맛은 나겠지 하는 환상을 가지고 있었다.

내가 그랑 크뤼 와인에 얼마나 많은 환상을 가지고 있었는지 지금 생각해보면 참 우스운 일이지만 당시 브란 깡뜨냑을 마신 나로서는 굉장히 허탈했었다. 여러모로 와인에 관한 환상을 깨 준 와인이 브란 깡뜨냑이라 오래도록 기억에 남지만 사실 더 충격적인 일은 그다음에 벌어졌다.

앞서 와인은 기호음료란 이야기를 하면서 그랑 크뤼 와인에 소주를 타마시는 사람 이야기를 했던 것을 기억할 것이다. 그 사람을 본 게 바로 이 자리에서였다. 그 자리에는 와인 수입사 대리님으로 한 분이 더 계셨는데 안 그래도 그랑 크뤼에 환상을 가지고 그 환상이 산산조각이 나있는데 와인에, 그래도 그랑 크뤼 와인인데 소주를 섞어 마시는 것이었다. 정말로 충격적이었다. 나의 와인 잔에도 소주를 타주시는 바람에 일단은 건배를 하며 함께 마셨다. 정말 무슨 맛인지도 모르겠고 정신이 혼미해져만 갔다. 그때를 생각하면 웃음밖에 나지 않는다. 물론 그 대리님과는 그 인연으로 아직까지도 한번씩 연락을 주고받곤 한다. 그 이후로도 나는 브란 깡뜨냑을 종종 마셨지만 그때보다 맛없던 브란 깡뜨냑을 마셔 본 적은 단 한 번도 없다. 어찌 그때의 브란 깡뜨냑 보다 맛없을 수 있을까. 뛰노는 노루와 물 뿜는 고래와 비교를 했으니…

〈맛있는 포도가 만들어지는 기후 조건〉

위도 : 30~50˚

연평균 일조시간 : 1,300~1,500시간

연평균 강수량 : 500~900mm

연평균 기온 : 10~16℃

일교차가 큰 지역 : 뜨거운 낮은 온도는 포도를 잘 익게 하여
당분을 충분히 만들어주고,
차가운 밤공기는 포도의 신맛을 잘 유지시켜준다.

Wine

와인 읽어주는 남자

Part.4

와인 맛의 근원 품종 이해하기

기후를 보면 품종을 이해하기 쉽다.

가장 많이 만나는 레드 품종 – 까베르네 쇼비뇽, 매를로, 시라, 피노 누아

가장 많이 만나는 화이트 품종 – 샤르도네, 소비뇽 블랑, 리슬링, 뮈스카

와인 스타일을 구분 짓다

부록 : 자연주의 와인이란

잊지 못 할 와인 네 번째 – 도멘 파스칼 꼬따 쌍세르 샤비뇰 라 그랑드 꼬드

(Domaine Pascal Cotat Sancerre chavignol La Grande Cote)

Part. 4

와인 맛의 근원 품종 이해하기

기후를 보면 품종을 이해하기 쉽다.

와인 한 병이 탄생하기까지 그 시작을 보려면 포도나무를 보지 않을 수 없다. 포도나무 재배에 미치는 모든 환경 요소를 떼루아라고 일컫는다. 이 떼루아는 기후, 토양, 지형 등등 재배에 미치는 모든 요소를 포함한다. 사람에 대한 역할도 포함시켜야 하는지 마는지에 대한 이야기는 아직도 계속되고 있지만, 프랑스같이 전통 국가에서는 이 떼루아를 굉장히 중요시하는 반면 신세계 국가들은 떼루아도 중요하게 생각하지만 양조 기술 자체를 좀 더 중요시하는 경향이 있다.

본격적인 품종 여행을 떠나기 전에 포도나무 재배에 많은 영향을 미치는 요소들 중에 기후에 관해 조금 더 자세한 이야기를 해보려고 한다. 많은 사람들이 와인 맛을 유추하는 데 가장 많은 지표로 활용하는 것이 품종이지만 이 품종보다 더 큰 대전제는 어떤 기후대인지를 파악하는 것이다. 서늘한 지역의 까베르네 쇼비뇽과 더운 지역의 까베르네 쇼비뇽의 맛

의 유사성보다 서늘한 지역의 까베르네 쇼비뇽과 메를로가 오히려 더 맛이 비슷하다는 것을 사람들은 잘 모른다. 내가 더운 지역의 까배르네 쇼비뇽을 마시고 그것을 마시려고 서늘한 지역의 까베르네 쇼비뇽을 고르는 것보다 더운 지역에서 생산된 메를로를 선택하는 것이 오히려 더 맛이 비슷하다는 말이다. 포도 역시 농작물이기에 포도 자체보다는 이 포도가 익어가는 동안 기후가 어땠는지가 더 중요하다고 볼 수 있다.

서늘한 기후 ↔ 더운 기후

적포도의 풍미 변화

산도가 높은 파릇한 검붉은 과일 풍미 ↔ 블랙베리, 블루베리, 말린 자두 등 잘 익고, 말린 달콤한 검붉은 과일 풍미

청포도의 풍미 변화

산도가 높은 레몬, 라임, 시트러스류, 사과 배 등의 과일 풍미 ↔ 파인애플, 멜론, 패션푸르트, 복숭아 등 잘 익은 열대과일 풍미

품종에 상관없이 모든 품종은 기후에 따라 이런 풍미 발전을 가진다. 서늘한 기후일수록 산도가 뚜렷하고 파릇파릇한 느낌을 가진 포도로 와인을 만들고 더운 기후일수록 산도가 줄고 훨씬 더 잘 익은 포도로 와인을 만들기에 그렇다. 워낙 섬세한 특징을 가진 피노 누아의 경우는 아무리 더운 지역에서 자랐다고 해도 서늘한 지역의 까베르네 쇼비뇽이나 시라의 진한 풍미에 못 미치기도 한다. 이러한 기후대에 따라 품종의 풍미 변화를 알고 있으면 품종에 대한 접근이 조금 더 쉬워진다.

포도에 영향을 미치는 요소는 기후 말고도 정말 다양한 요소들이 있다. 여기서 기후만 다루었다고 해서 기후를 제외한 다른 요인들이 중요하지 않은 것이 아님을 다시 밝혀둔다. 이제 공통의 풍미 변화를 살펴봤으니 다음 장부터는 품종 하나하나의 세세한 변화를 살펴볼 것이다.

이번 파트에서 다루지 못한 다양한 품종들은 Part5에서 좀 더 간략하게 다룰 것이다.

가장 많이 만나는 레드 품종

까베르네 쇼비뇽(Cabernet Sauvignon)

전 세계에서 레드 와인 품종으로 가장 유명한 품종은 까베르네 쇼비뇽이다.

까베르네 쇼비뇽은 포도 알이 작고 껍질이 두껍다. 색이 진하고, 강렬한 과일 풍미는 물론 무거운 바디, 높은 산도, 높은 탄닌을 가지고 있는 품종이다.

서늘한 기후에서 까베르네 쇼비뇽의 향 특징

제비꽃, 풀, 잔디, 민트, 피망, 후추, 체리, 레드 커런트, 토마토, 자두, 석류 등

온화하거나 더운 기후에서 까베르네 쇼비뇽의 향 특징

블랙 커런트, 블랙베리, 블루베리, 잼, 감초, 검은 자두 등

숙성된 까베르네 쇼비뇽의 향 특징

가죽, 흙, 삼나무, 바닐라, 토스트, 다크 초콜릿, 정향, 훈연, 무화과, 코코넛 등

주요 생산 지역은 프랑스 보르도, 이태리 토스카나, 칠레 센트럴 밸리, 미국 캘리포니아, 남아프리카 공화국, 스텔렌보쉬, 호주 사우스 오스트레일리아 등이 있다.

메를로(Merlot)

메를로의 대표적인 특징은 부드러움이다. 까베르네 쇼비뇽과 가장 많이 블렌딩하기도 하며 단독으로도 만들어진다.

까베르네 쇼비뇽에 비해 은은한 과일 풍미를 느낄 수 있고 껍질이 얇고 중간 정도의 바디에 중간 정도의 산도와 탄닌을 가지는 품종이다.

서늘한 기후에서 메를로의 향 특징

피망, 민트, 아스파라거스, 올리브, 자두, 레드 커런트, 라즈베리 등

온화하거나 더운 기후에서 메를로의 향 특징

검은 자두, 블루베리, 블랙베리, 건포도, 체리, 딸기 등

숙성된 메를로의 향 특징

흙, 가죽, 버섯, 버터, 다크 초콜릿, 삼나무, 커피, 토스트 등

주요 생산 지역은 프랑스 보르도, 미국 캘리포니아와 워싱턴, 칠레 센트럴밸리 등이 있다.

시라(Syrah)/쉬라즈(Shiraz)

시라는 까베르네 쇼비뇽과 비슷하게 포도 알이 작고 껍질이 두껍다. 강렬한 과일 풍미와 바디는 무겁고 탄닌은 많고, 중간 정도의 산도를 가지고 있는 품종이다. 시라에서는 특히 향신료(스파이시) 풍미를 잘 느낄 수 있는데 이는 시라 특유의 매력이다. 호주에서는 쉬라즈라고 불린다.

서늘한 기후에서 시라의 향 특징

레드 커런트, 딸기, 라즈베리, 체리, 올리브, 피망, 자두, 흰 후추 등

온화하거나 더운 기후에서 시라의 향 특징

블랙베리, 블루베리, 훈연, 향신료, 검은 자두, 블랙체리, 후추, 감초 등

숙성된 시라의 향 특징

가죽, 커피, 캐러멜, 건포도, 담배, 정향, 가죽, 야생 동물 등

주요 생산 지역은 프랑스 론, 랑그독 루씨옹, 호주 전체, 미국 캘리포니아, 칠레, 스페인 등이 있다.

피노 누아(Pinot Noir)

피노 누아는 재배가 까다로운 품종중 하나로 껍질이 얇아 색상이 연하다. 산도는 높고 탄닌은 다른 품종에 비해 다소 적은 품종이다. 대부분 강렬한 스타일의 와인 보다는 섬세하고 은은하고 우아한 스타일의 와인으로 많이 만들어진다.

서늘한 기후에서 피노 누아의 향 특징

크랜베리, 석류, 라즈베리, 딸기, 민트, 레드 커런트, 체리, 장미 등

온화하거나 더운 기후에서 피노 누아의 향 특징

딱총나무 꽃(엘더플라워), 블랙 체리, 자두, 딸기 등

숙성된 피노 누아의 향 특징

흙, 빵, 버섯, 건초, 정향, 계피, 담배, 트러플, 숲, 야생동물 등

부르고뉴에서 세계 최고의 피노 누아를 생산하고 있으며, 미국 오리건, 뉴질랜드 등에서도 품질 좋은 피노 누아 와인이 많이 생산된다.

가장 많이 만나는 화이트 품종

샤르도네(Chardonnay)/샤도네이(Chardonnay)

샤르도네는 전세계에서 가장 많이 재배되는 화이트 포도 품종이다. 샤르도네 자체는 산도가 그리 높지는 않고 무거운 바디를 가지고 있는 특성이 있지만 샤르도네는 어떤 환경에서도 재배가 잘 돼서 스타일이 가장 다양하게 나올 수 있는 품종이기도 하다.

서늘한 기후에서 샤르도네의 향 특징

아카시아, 레몬, 사과, 라임, 모과, 배, 채소, 풀, 미네랄 등

온화하거나 더운 기후에서 샤르도네의 향 특징

파인애플, 복숭아, 패션푸르트, 바나나, 무화과, 망고 등

숙성된 샤르도네의 향 특징

꿀, 버터, 바닐라, 토스트, 견과류, 훈제 등

주요 재배 지역으로는 프랑스 부르고뉴, 미국 캘리포니아, 호주, 칠레 등 거의 대부분의 와인 생산 국가에서 넓은 지역에 걸쳐 생산한다.

쇼비뇽 블랑(Sauvignon Blanc)

쇼비뇽 블랑의 주요 특징은 높은 산도이다. 풀, 잔디, 구즈베리 향과 아로마틱한 향이 매력이고, 보통 중간 정도의 바디로 와인이 만들어지면서 대개 오크 숙성은 하지 않는다.

서늘한 기후에서 쇼비뇽 블랑의 향 특징

구즈베리, 딱총나무 꽃(엘더플라워).

레몬, 라임, 피망, 아스파라거스, 풀, 잔디 등

온화하거나 더운 기후에서 쇼비뇽 블랑의 향 특징

자몽, 오렌지, 무화과, 패션푸르트, 키위, 복숭아, 파인애플 등

숙성된 쇼비뇽 블랑의 향 특징

꿀, 빵, 버터, 바닐라 등

주요 재배 지역은 프랑스 보르도와 루아르, 뉴질랜드 전체, 칠레 카사블랑카, 호주 애들레이드 힐스, 미국 캘리포니아 등이 있다.

리슬링(Riesling)

리슬링은 향기로운 품종의 대표로 알코올이 조금 낮은 편이며, 산도가 높다. 보통 스위트 와인으로 많이 만들어지기도 하고 숙성되었을 때 페트롤(석유)향은 리슬링만이 가진 특유의 매력이다.

서늘한 기후에서 리슬링의 향 특징

흰 꽃, 레몬, 사과, 미네랄, 라임, 흰 후추 등

온화하거나 더운 기후에서 리슬링의 향 특징

오렌지, 멜론, 복숭아, 망고, 패션푸르트, 파인애플 등

숙성된 리슬링의 향 특징

바닐라, 꿀, 버터, 석유 등

주요 재배 지역은 프랑스 알자스, 호주 헌터밸리, 클레어 밸리, 독일 전역, 미국 워싱턴 등이 있다.

뮈스카(Muscat)

우리가 흔히 일상에서 접하는 모스카토도 뮈스카에 속하며 뮈스카는 꼭 한 가지 품종을 말하는 것은 아니다. 세계 각지에서 생산되는 같은 계열의 포도를 포괄적으로 묶어 부르는 이름으로 대개 산도가 낮고 달콤한 스타일로 많이 만들어지는 품종이다.

서늘한 기후에서 뮈스카의 향 특징

장미, 레몬, 사과, 포도, 모과 등

온화하거나 더운 기후에서 뮈스카의 향 특징

복숭아, 살구, 무화과, 멜론, 파인애플, 리치 등

숙성된 뮈스카의 향 특징

말린 자두, 건포도, 커피, 토피, 오크 등

주요 재배 지역은 프랑스 알자스, 남부 론, 이탈리아 피에몬테, 스페인 남부, 호주 빅토리아 등이 있다.

와인, 스타일을 구분 짓다

소믈리에로 일하면서 와인을 추천해줄 때나 내가 와인 샵이나 소믈리에에게 와인을 추천 받을 때, 누군가에게 와인 맛에 대한 이야기를 할 때 '어떤 품종이 좋다.' '이런 품종은 이런 특징이 있다.' 라는 말도 분명 유용하긴 하지만 앞서 살펴봤듯이 나라에 따라, 지역에 따라, 기후에 따라 등 다양한 요소가 하나의 품종을 여러가지 맛으로 변화시킨다. 그래서 특정 품종을 이야기 하는 것보다는 어떤 스타일의 와인이 좋다라는 식의 이야기가 훨씬 더 유용할 수 있다.

레드 와인 스타일

가볍고 신선하면서 생기 넘치는 레드 스타일

- 프랑스 보졸레 가메
- 이탈리아 베네토 발폴리첼라
- 스페인 일반적인 그르나슈
- 미국 일반적인 진판델
- 프랑스, 미국, 칠레, 뉴질랜드 등의 일반적인 피노 누아

부드럽고 보편적인 레드 스타일

- 프랑스 보르도
- 프랑스 론
- 스페인 리오하, 리베라 델 두에로
- 칠레의 일반적인 까베르네 쇼비뇽, 메를로, 까르미네르
- 이탈리아 토스카나 키안티
- 아르헨티나 말벡
- 호주 쉬라즈

중후하고 그윽한 복합미 있는 레드 스타일

- 프랑스 보르도 그랑 크뤼
- 프랑스 부르고뉴 그랑 크뤼
- 프랑스 론 크뤼
- 이탈리아 슈퍼 토스카나
- 이탈리아 토스카나 브루넬로 디 몬탈치노
- 이탈리아 피에몬테 바롤로, 바르바레스코
- 미국 나파 밸리
- 그 외 특정 지역에서 생산되는 고급 와인들

화이트 와인 스타일

가볍고 시트러스한 풍미에 파삭한 화이트 스타일

- 프랑스 부르고뉴 샤블리 샤르도네
- 프랑스 루아르 뮈스카데
- 이탈리아 북부 소아베
- 이탈리아 피노 그리지오

생기있고 활기찬 아로마틱 화이트 스타일

– 프랑스 론, 랑그독 루씨옹의 비오니에

– 프랑스 루아르의 쇼비뇽 블랑, 슈냉 랑

– 프랑스 보르도

– 아르헨티나의 토론테스

– 프랑스 알자스의 게뷔르츠 트라미너

– 호주의 리슬링, 세미용

– 뉴질랜드 쇼비뇽 블랑

– 칠레 북부나 아콩카과의 쇼비뇽 블랑

– 독일의 리슬링

부드럽고 원숙하고 풍성한 화이트 스타일

– 칠레 오크 숙성 샤르도네

– 프랑스 부르고뉴 샤르도네

– 스페인 리오하 화이트

– 미국 오크 숙성 샤르도네

전 세계의 다양한 와인을 위와 같은 6가지 스타일로 전부 나눈다는 것은 조금 무리일지도 모른다. 하지만 와인을 처음 접근할 때 위와 같은 스타일로 구분을 지어 그 스타일의 범위를 익혀둔다면 어떤 상황에서든 와인을 추천하고 추천받을 때 실패할 확률은 극히 적어진다.

부록

자연주의 와인이란

요즘 와인 업계의 핫 트렌드가 있다면 자연주의 와인이 아닐까 싶다. 뜬금없이 자연주의 와인이라는 말이 낯설고 생소할 수 있지만 개념 자체는 의외로 간단하다. 어떠한 화학비료나 첨가물 없이 조금 더 와인을 친환경적으로 만든 와인을 말한다. 하지만 이 개념에 대해 정확하게 세워진 기준은 없기에 나라마다 또는 자연주의 와인 협회마다 그 규정이 조금씩은 다르다. 또한 자연주의 와인 그 자체에 대해서 내로라하는 와인 전문가들 사이에서도 의견이 분분해서 여전히 논란이 많이 되고 있다.

한국에서는 비교적 근래에 이런 스타일의 와인만을 전문적으로 수입하는 수입사도 생겨나고 일반 소비자들에게 더 많이 알려지면서 조금 새롭게 다가오지만 이 자연주의 와인은 이미 오래전부터 만들어져 온 개념이자 철학이다.

자연주의 와인은 재배 방식의 차이에 따라 여러 가지로 나뉘는데 여기서는 대표적인 자연주의 와인인 유기농법 와인, 바이오 다이내믹 농법 와인에 대해서만 간략하게 알아보려고 한다.

우선 유기농법 와인이란 큰 개념으로는 화학적으로 만들어진 비료 등을 전혀 사용하지 않고 포도나무를 재배하여 만든 와인이다. 양조 중에도 각 국가나 협회가 금지한 물질들을 사용해선 안된다. 다만 와인을 생산함에 어쩔 수 없이 넣을 수 밖에는 첨가물은 존재한다. 대표적으로 와인을 오래도록 보존하고 산화를 방지하는 역할을 하는 이산화황이 그러한데 이 때문에 각 국가나 협회의 규정에 따라 이산화황을 넣은 유기농 와인이 만들어지기도 하고 넣지 않은 와인이 만들어지기도 한다.

바이오 다이내믹 농법은 유기농법의 개념을 더 해 그보다 조금 더 심오하고 복잡하다. 처음 이 이론을 제시한 사람은 오스트리아의 루돌프 슈타이너이다. 이 이론은 쉽게 이야기하면 포도 재배만 국한된 것은 아니고 모든 식물 재배에 걸쳐 달, 행성, 별자리 등 천체의 운에 따라 재배 방식을 달리하고 자연의 섭리를 거르지 않는 방식이다. 인위적인 화학물질은 당연히 일체 사용되지 않아야 한다. 조금은 신비주의적인 면이 있긴 하지만 바이오 다이내믹 농법으로 와인을 생산하는 양조장들은 꾸준히 늘고 있다.

자연주의 와인이란 타이틀을 달고 나오는 와인을 마셔보면 경험상 기존의 와인들에 비해서 대단히 더 유익하다던가 훨씬 특출나다던가 하는 부분은 잘 느끼지 못했다. 다만 자연주의 와인은 단순히 맛만을 넘어서 와인을 양조하는 사람들의 철학과 그들이 와인에 담아내고자 하는 정신을 소비자의 입장에서 다시 한번 생각해보게 한다.

도멘 파스칼 꼬따 쌍세르 샤비뇰 라 그랑드 꼬드

(Domaine Pascal Cotat Sancerre chavignol La Grande Cote)

와인을 이제 조금 알겠다 싶을 때 와인은 어김없이 내가 너무 와인을 모른다는 생각을 들게 한다. 감히 예측할 수 없고, 감히 판단할 수 없고 감히 안다 말할 수 없는 것이 와인의 세계가 아닌가 싶다. 잊지 못 할 네 번째 와인은 이런 생각을 더욱 확고히 만들어 준 와인이다.

와인 바에 일하던 어느 날에는 매니저님과 친분이 있는 소믈리에 분들이 모여 테이스팅을 진행했었다. 그때 테이스팅 진행했던 와인 중에 쌍세르 샤비뇰 와인이 있었다. 테이스팅을 권해주셔서 직원들과 함께 맛보게 되었는데 처음에는 이 와인이 뭔지 몰랐다. 블라인드 테이스팅 해보라 한 잔을 받아 들었다.

그 한 잔을 들고 이게 무슨 와인일까 이러쿵저러쿵 떠들면서 각자의 의견을 내놓았다. 이 와인의 첫인상은 진한 살구, 복숭아, 리치 향과 강렬한 꽃향이 느껴지고 오일리 한 질감에 매끄러움을 많이 가지고 있

어 프랑스의 비오니에 품종이나 아르헨티나의 토론테스 품종 정도를 생각했다. 전형적인 특징이 비오니에나 토론테스에서 나는 특징이라 향만 맡고도 거의 확신을 하고 있었다. 다른 직원들도 마찬가지로 대부분 비오니에를 선택했었고 답이 뭔지 빨리 알고 싶었다. 나중에 정답을 알려주셔서 들었던 정답이 바로 쌍세르 샤비뇰 와인이었다. 품종은 쇼비뇽 블랑! 게다가 빈티지는 1989년도로 와인의 색상이나 향이나 맛이나 어딜 봐도 이게 89년도라고 생각조차 하지 못했다. 오래되어봐야 10년은 절대 넘지 않았을 거란 판단이 무색하게, 무조건 비오니에나 토론테스일 것이라는 확신이 무색하게 1989년도 쌍세르의 샤비뇰 와인이었다. 다들 놀라 허탈한 웃음을 지었다. 굉장히 신기했고 신선했다. 89년도의 와인에서 이런 특징이 느껴지는 것도 아이러니했고 내가 배우고 마셔온 쇼비뇽 블랑이 맞나 싶을 정도로 와인은 독창적이었다.

이 와인을 생산하는 파스칼 꼬따는 이미 세계 여러 와인 전문가들에게 찬사를 받고 있는 와인을 생산하며 일반적인 쇼비뇽 블랑을 뛰어넘은 와인을 만들어 낸다고 알려져 있다. 그리고 그랑드 꼬드 밭은 60년 이상의 쇼비뇽 블랑 포도나무로 와인을 만든다. 사정이 어떻든 이때의 작은 경험은 와인의 변화가 정말로 다채롭고 변화무쌍하고 감히 내가 와인을 안다고 말할 수 있는지 또 이 와인이라는 술에 대해 약간의 경외감까지 들었다. 따지고 보면 그동안은 한국에 수입된 와인들만 접해봤지 세상의 많고 많은 와인을 접하면 내가 기존의 알고 있던 지식이 과연 맞을까란 생각마저 들었다. 우물 안 개구리란 표현이 딱 알맞을 듯싶다. 배워도 배워도 끝이 없는 와인이라는 것을 다시 한번 머릿속에 또 가슴속에 새긴 날이었다.

〈오크통으로 비교해보는 와인 맛의 차이〉

프렌치 오크

밀도가 높고 탄닌 성분을 많이 가지고 있으며
은은하고 부드러운 오크 풍미를 와인에 베게 한다.

아메리칸 오크

상대적으로 밀도가 낮고 진한 오크 풍미나
향신료 풍미를 베게 하고 달콤한 느낌을 더해준다.

Wine

와인 읽어주는 남자

Part.5

와인 12산지 지식 여행

Part. 5

와인 12산지 지식 여행

구세계 와인 산지 여행

프랑스

전 세계에서 와인을 상징하는 나라를 하나 꼽으라면 누구나 프랑스를 꼽을 것이다. 그만큼 프랑스는 와인에 있어 결코 빠질 수 없는 나라이다. 언제나 와인 산업의 중심에 서 있고 여러 나라들이 프랑스 와인을 모델로 와인을 생산할 만큼 그 품질 또한 우수하다. 프랑스는 BC600년 경 페니키아인들에 의해 포도 재배가 이루어져 그 역사가 시작되어 지금에 이르렀다. 프랑스의 와인 생산 지역은 크게 보르도, 부르고뉴, 론, 루아르, 알자스, 샹파뉴가 있으며 이들은 각기 다른 특징을 가진 품종으로 다양한 와인을 생산한다.

프랑스의 와인 법을 살펴보면 다음과 같다.

VdT(Vin de Table)

– 규정이 비교적 자유로운 일반적인 테이블 와인

VdP(Vin de Pays)
– 생산지를 표기해야 하는 테이블 와인
VDQS(Vin Delimites de Qualite Superieure)
– VdP보다 조금 더 규제가 까다롭고 좀 더 우수한 품질의 와인
AOC(Appellation d'Orgine Controlee)
– 가장 높은 등급으로 원산지 명칭을 보호하는 와인

AOC는 원산지를 통제하는 명칭이라는 의미로 와인 원산지를 속이고 파는 행위 등을 막기 위해 만들어진 법이다. AOC 법은 원산지뿐 아니라 다양한 양조, 재배 등의 규제도 하고 있어 철저하게 와인을 관리하고자 하는 목적이 있다. 일반적으로 상위 등급으로 갈수록 규제가 까다롭다고 이해하면 쉽다.

AOC 법은 현재는 AOP 법으로 바뀌어 다음과 같이 변했다.

VdF(Vin de France)
IGP(Indication Géographique Protegee)
AOP(Appellation d'Orgine Protegee)

AOP 법이 새로 제정되고 여러 와이너리에서도 점점 바꾸어가는 추세지만 여전히 AOC 명칭을 그대로 사용하는 와이너리들도 많이 있다. 이러한 법규가 분명 있지만 무조건 AOC, AOP라고 해서 비싼 것은 아니다. 우리가 시중에서 볼 수 있는 거의 대부분 와인들이 AOC, AOP 와인들이다. 규제를 지켜서 만들었음을 인정할 뿐이지 무조건 AOC, AOP가 다른 와인보다 뛰어나다고 단정 짓기는 무리가 있긴 하다.

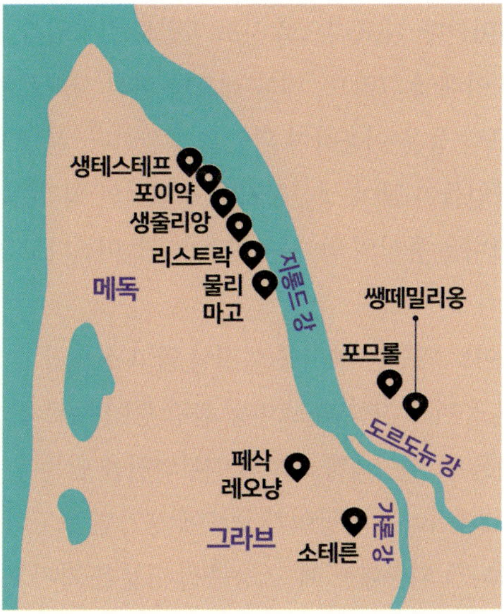

이제 프랑스 와인 지역을 하나씩 살펴보자. 프랑스에서 가장 중요하다고 볼 수 있는 보르도는 해양성 기후로 서늘한 지역이다. 지롱드 강을 기준으로 왼쪽 아래는 갸론 강이 흐르고 오른쪽은 도르도뉴 강이 흐른다. 지롱드 강 왼편의 지역이 메독 지역으로 보르도에서 가장 유명하다. 그 안에 생테스테프, 포이약, 생줄리앙, 리스트락, 물리, 마고 유명한 6개의 지역이 있다. 주로 까베르네 쇼비뇽, 메를로, 까베르네 프랑(까베르네 쇼비뇽보다는 조금 덜한 탄닌이 있고 허브한 느낌을 주는 특징이 있음)을 블렌딩해서 세계적으로도 명성이 높고 아주 구조감 좋으며 기품 있는 와인들을 생산한다.

바로 맞은편 도르도뉴강 위에 있는 쌩떼밀리옹과 포므롤은 까베르네 쇼비뇽보다는 메를로를 중심으로 와인을 생산하고 조금 더 부드럽고 원숙한 특징을 가지고 있다. 쌩떼밀리옹과 포므롤 지역에는 가라지라고 불리는 와인들이 있는데 이들은 규모가 작은 와이너리에서 소량생산된 고

품질 와인을 의미한다. 대표적으로 샤토 발란도르가 있다.

메독 지역의 아래에 그라브, 페샥 레오냥 역시 까베르네 쇼비뇽, 메를로, 까베르네 프랑 등을 이용하여 와인을 생산한다. 분명 메독 와인 못지않게 뛰어난 와인들이 많이 생산하지만 전체적인 평가는 메독 와인들에 비해 조금 더 가벼운 풍미의 와인들이 많이 만들어진다고 전해진다.

보르도의 화이트 와인은 세미용(껍질이 얇고 산도가 낮으면서 복숭아, 살구 등의 과일 풍미가 진함)과 쇼비뇽 블랑 등이 주로 사용된다. 그라브 안에 있는 소테른 지역은 세계 최고의 귀부와인을 만든다. 귀부 와인이란 보트리티스 시네레아라는 곰팡이가 포도에 생기면 포도의 수분을 빼앗아 당분이 더 농축되게 되는데 이때 그 농축된 당분을 가지고 최상의 달콤한 와인을 만드는 것이다.

보르도 와인을 살펴보면 블렌딩이 빠질 수 없음을 알 수 있다. 이는 일정하지 않은 기후로 인해 품종 간의 밸런스를 맞추고 품종의 장점을 살려 품질 높은 와인을 생산하기 위함이다 .보르도 블렌딩은 전 세계 나라들이 와인을 생산할 때 모델로 삼을 정도로 와인의 훌륭한 기준이 되기도 한다.

보르도의 와인에는 AOC같은 원산지 규정과 별개로 등급이 존재한다. 1855년에 제정된 그랑 크뤼 클라쎄가 바로 보르도 와인의 등급이다. 5개의 등급으로 나누어져 총 61개의 와인이 지정되어 있다. 1등급 와인은 샤토 라피트 로칠드, 샤토 무통 로칠드, 샤토 라투르, 샤토 마고, 샤토 오브리옹이다. 이들은 수백 만원 호가하는 와인들이지만 실제로 그랑 크뤼 클라쎄 법은 논란이 많이 되고 있다. 당시 파리 만국 박람회 때문에 급하게 선정된 부분이 없지 않아 있고 거래되고 있는 가격을 중점으로 선별했던 것이라 등급 자체를 수정 해야 한다는 지적이 많다.

소테른의 등급 역시 1855년에 제정되었고 총 세 개의 등급으로 나누어지고 가장 높은 등급은 1개의 와인이 존재하는데 바로 샤토 뒤켐이다.

쌩떼밀리옹 등급은 1955년에 제정되었으며 거의 10년마다 재정하는 법을 가지고 있고 있다. 가장 높은 프르미에 그랑크뤼 클라쎄 A 등급은 4개의 와인이 있는데 샤토 오존, 샤토 슈발블랑, 샤토 파비, 샤토 안젤루스이다.

그라브의 와인 등급은 1959년에 제정되었고 수직적인 등급이 아니라 수평적인 등급으로 16개가 지정되어 있다.

부르고뉴는 보르도와는 쌍벽을 이루는 와인 생산 지역이다. 세계에서 가장 비싼 와인 로마네 콩티가 생산되기도 한다. 부르고뉴는 대륙성 기후로 날씨가 굉장히 춥다. 품종도 피노 누아, 샤르도네 두 품종을 거의 사용하고 단일 품종으로 와인을 만든 것이 특징이다.

부르고뉴의 가장 윗 지역 샤블리는 레몬, 사과, 미네랄 등 아주 시트러스한 특징을 갖춘 샤르도네 와인을 생산하고 오크 숙성을 많이 시키지는 않는다. 샤블리 안에는 4개의 등급이 존재하며 가장 높은 샤블리 그랑 크뤼 등급에는 7개의 와인이 있다.(등급 자체는 1개이고 포도밭이 7개로 나누어져 있다.) 바로 레클로, 블랑쇼, 부그로, 보데지르, 그루누이, 발뮈르, 레프뢰즈이다.

코트 도르는 부르고뉴의 핵심 와인 생산지이며 코트 드 본과 코트 드 뉘로 나뉜다. 코트 드 본에서 생산하는 샤르도네 와인은 세계 최고의 샤르도네 와인이란 명성을 갖고 있으며 코트 드 뉘에서 생산하는 피노 누아 와인은 세계 최고의 피노 누아 와인으로 명성이 자자하다.

부르고뉴의 등급은 그랑 크뤼(포도밭명만 표기), 프리미에 크뤼(마을명+포도밭명 표기), 빌라쥐(마을명만 표기), 레지오날(지역명만 표기) 4개로 나누어진다. 가장 높은 그랑 크뤼는 총 32개의 와인으로 본이 8개 뉘가 24개이다. 이들 와인은 아주 섬세하고 우아한 풍미를 지니며 최고의 와인으로 불린다. 특히 본의 뫼르소, 퓔리니 몽라셰, 샤샤뉴 몽라셰 뉘의 지브리 샹베르땡, 부조, 본 로마네 등이 최고라 불린다.

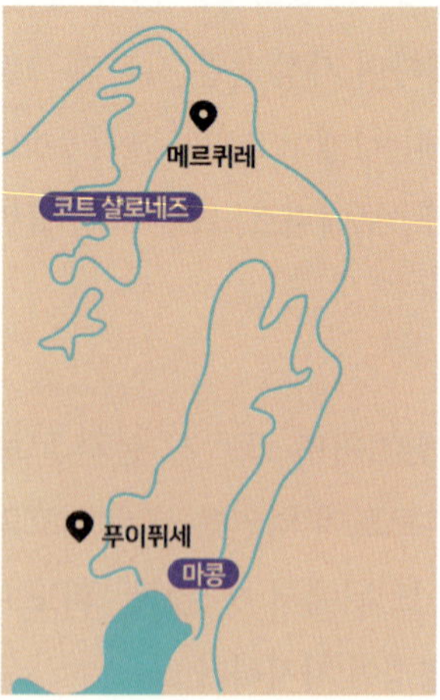

코트 도르 아래 지역으로 가면 코트 샬로네즈 지역이 나오는데 샬로네즈 역시 피노 누아와 샤르도네로 와인을 생산한다. 대표적으로 메르퀴레 지역의 피노 누아

가 좋은 평가를 받고 있으며 뉘나 본보다는 조금 더 진한 피노 누아 와인을 만든다. 그 아래 마콩 지역은 화이트 와인 산지로 잘 알려져 있고 샤르도네로 만든 푸이 퓌세 와인이 가장 유명하다.

부르고뉴의 가장 아래 보졸레 지역은 가메라는 품종으로 조금 더 신선하고 가볍고 산딸기, 체리 같은 붉은 과일 풍미가 특징인 와인을 생산한다. '보졸레 누보'라 해서 그 해 수확한 포도로 그 해 만든 와인 즉 햇 와인을 즐기는 축제가 있으며 11월 세 번째 목요일 전 세계로 동시에 출시된다. 보졸레는 3개의 등급으로 나누어지고 가장 높은 등급은 보졸레 크뤼로 생타무르, 줄리에나, 쉐나, 물랭아방, 플뢰리, 쉬르불, 모르공, 레니에, 브루이, 코트 브루이까지 총 10개의 와인이 있다.

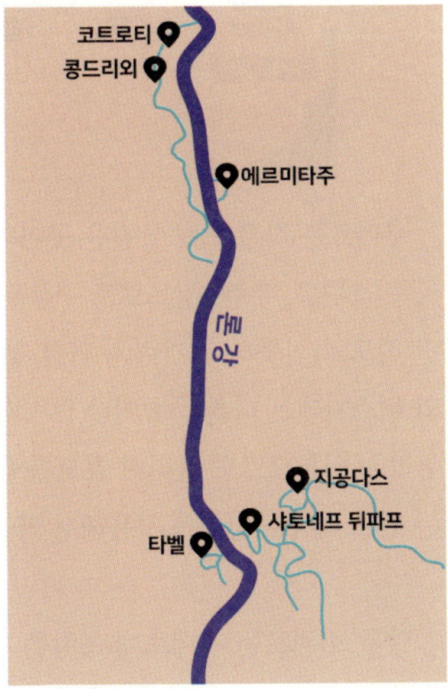

론 지역은 크게 북부와 남부로 나뉜다. 북부 론은 서늘하며 레드 와인은 거의 시라만을 사용하고 화이트는 비오니에(굉장히 아로마틱하고 무거운 바디의 산도는 낮음)와 루산, 마르산 등이 재배된다. 북부 론에서는 코트 로티와 에르미타주의 시라 와인이 최고의 와인으로 불린다. 또 콩드리외에서는 비오니에로 만든 황홀한 과일 풍미와 복합미를 자랑하는 화이트 와인으로 유명하다.

남부 론은 북부에 비해서는 기

후가 온화하다. 시라와 그르나슈(붉은 과일 풍미가 뚜렷하고 산도는 낮은 대신 바디나 알코올은 무거운 성격을 지님) 무르베드르(색이 진하고 탄닌이 많음) 등을 블렌딩 한다. 화이트는 비오니에와 루산 마르산, 아로마틱한 특징이 있는 클레레트, 그르나슈 블랑을 함께 사용한다.

남부 론의 가장 유명한 와인은 샤토 네프 뒤파프로 13개 품종을 블렌딩할 수 있고, 복합미 좋은 와인이 만들어진다. 지공다스는 샤토 네프 뒤파프의 명성에는 못 미치지만 남부 론의 빠질 수 없는 레드 와인이다. 또 타벨이란 지역에서는 로제 와인이 잘 알려져 있다.

루아르는 작은 프랑스 같은 곳이다. 크게 4개지의 지역으로 페이 낭테, 앙주 소뮈르, 투렌, 쌍트르로 구분된다. 페이 낭테는 뮈스카데(산도는 중간 정도로 산뜻하고 가벼운 과일 향이 좋음)로 와인을 생산한다.(뮈스카와 뮈스카데는 다른 품종이다.) 이 지역에서는 믈롱 블랑, 믈롱 드 부르고뉴라는 이름으로도 불리며 효모를 더 오래 접촉시켜 풍부한 질감을 만드는 쉬르 리라는 방식을 사용해서 와인을 생산하기도 한다.

앙주 소뮈르는 까베르네 프랑을 위주로 만들어지는 레드 와인과 슈냉 블랑(중간 정도의 바디감과 높은 산도), 쇼비뇽 블랑으로 화이트 와인을 생산한다. 특히 사브니에르는 슈냉 블랑으로, 코트 뒤 레이옹은 귀부 와인을 생산하는 곳으로 유명하고 또 앙주 소뮈르에서 나오는 로제 와인은 루아르에서 가장 명성이 높다. 투렌 지역은 기후가 조금 더 추워진다. 슈냉 블랑으로 만드는 다양한 스타일의 부브레 와인과 까베르네 프랑으로 만든 쉬농 와인이 잘 알려져 있다. 가장 내륙쪽인 쌍트르는 쇼비뇽 블랑이 잘 재배되고 쌍세르나 푸이퓌메는 루아르에서 가장 유명한 화이트 와인이다.

알자스는 프랑스 북동부에 위치해있고 추운 기후를 가진 지역이다. 화이트 와인이 유명하며 리슬링, 게뷔르츠트라미너(무거운 바디와 향신료 풍미가 좋음), 피노 그리(신선한 과일 풍미 위주), 뮈스카로 와인을 만든다. 또 알자스에서 유명한 스타일의 와인은 방당주 타르디브와 셀릭시옹 그랭 노블 와인으로 방당주 타르디브는 늦수확 포도로 단맛이 없게도 만들면서 약간 달콤한 스타일로 만들기도 한다. 셀릭시옹 그랭 노블은 귀부화된 포도로 만든 복합미 좋은 달콤한 와인이다.

프랑스 가장 남부에 위치해있는 랑그독 루씨옹은 가장 기후가 따뜻하다. 대체로 단조로운 와인들을 많이 생산해냈지만 이제는 다양한 품종으로 훌륭한 와인을 많이 만들어 낸다. 까베르네 쇼비뇽, 메를로, 시라, 그르나슈, 무르베드르, 카리냥(과일 향 가득하며 산도와 탄닌이 높은 편) 등을 블렌딩한 레드 와인과 샤르도네, 비오니에, 쇼비뇽 블랑, 그

르나슈 블랑으로 좀 더 다양하고 개성이 있는 와인을 만들어 낸다.

랑그독 루씨옹에서는 미네르부아와 코르비에르의 레드 와인과 뮈스카로 만든 VDN이라는 주정강화 와인이 잘 알려져 있고 이는 와인을 발효 중에 증류주를 더 해 당을 남긴 달콤한 스타일의 와인이다.

샹파뉴 지역은 프랑스 가장 북쪽 지역으로 굉장히 서늘하고 스파클링 와인의 대명사와 같은 곳이다. 우리가 흔히 말하는 샴페인은 샹파뉴의 영어식 발음으로 실은 이 지역에서 나오는 와인만을 샹파뉴 혹은 샴페인이라고 부를 수 있다. 그 외에 이름은 스파클링 와인으로 불려야 한다. 즉 스파클링 안에 샹파뉴, 샴페인이 포함되지만 샴페인 안에 스파클링이 포함되지는 않는다.

샴페인을 만드는 방식은 전통 방식이라고 불리며 전통 방식의 가장 중요한 특징은 병안에서 한 번 더 발효를 시키는 것이다. 애초에 와인을 만들기 위해 발효를 한번 하고 병 안에서 2차 발효를 거치면서 효모, 빵, 비스킷 등의 풍미가 더욱더 강렬해진다. 스파클링 와인을 만드는 방식은 전통방식 이외에도 몇 가지가 더 있다.

트랜스퍼 방식, 이전 방식

병내 2차 발효를 시키는 것이 전통방식이라고 말했는데 2차 발효까지는 동일하게 만들고 찌꺼기 제거는 탱크로 옮겨 하는 방식이다. 전통 방식과 크게 다르지 않은 방식이라 주로 신세계 와인 생산 국가들이 이 방식을 많이 쓰고 가격도 조금 더 저렴해진다.

탱크 방식, 샤르마 방식, 뀌베 클로스

병에서 2차 발효를 시키는 것이 아니라 탱크에서 2차 발효를 시키는 것으로 신선한 과일 풍미를 잘 살릴 수 있으면서 비용도 훨씬 줄어든다.

전통 방식으로는 만들었지만 샹파뉴에서 만들어진 것이 아닌 와인을 프랑스에서 크레망이라고 총칭한다.

샹파뉴 지역은 레드는 피노 누아, 피노 뫼니에, 화이트는 샤르도네를 주로 재배하며 이들을 보통 블렌딩해서 샴페인을 만든다. 샴페인에서 흔히 볼 수 있는 '블랑 드 블랑'과 '블랑 드 누아'라는 용어가 있는데 블랑은 샤르도네만을 이용해 만든 샴페인이고, 누아는 피노 누아와 피노 뫼니에만을 이용해 만든 샴페인이란 뜻이다.

이탈리아

이탈리아는 프랑스 못지않은 와인 생산 소비국가로 BC800년경부터 에트루리아인이 포도재배를 하면서부터 본격적인 와인 역사가 시작되었다. 이탈리아는 20주 전 지역에서 포도가 재배되고 와인이 만들어진다. 수 백 수 천의 토착 품종으로 만들어진 와인을 소개하자면 두꺼운 책 서 너 권은 필요할 만큼 다양한 와인이 생산되고 있다.

이탈리아의 와인 법은 프랑스의 AOC 법을 모델로 삼았다.

VdT(Vino da Tavola)

– 규정이 비교적 자유로운 일반적인 테이블 와인

IGP(Indicazione Geografica Tipica)

– 지역이 표시되는 와인

DOC(Denominazione di Origine Controllata)

– 프랑스 AOC와 같은 개념으로 각 규정을 지킨 등급이다.

DOCG(Denominazione di Origine Controllata e Garantita)

– 이태리의 가장 높은 등급으로 DOC와인으로 10년 이상 거친 와인 중에 심사하여 오를 수 있다.

이탈리아의 기후는 보통 북부는 서늘하고 중부는 온화하고 남부는 덥다. 북부에서 핵심 지역 피에몬테는 북서쪽에 위치해 있다. 이태리 최고의 와인 중 하나인 바롤로를 생산하는 지역으로 품종은 네비올로를 사용한다. 네비올로는 피노 누아처럼 껍질이 얇지만 까베르네 쇼비뇽 못지않은 산도와 탄닌을 가진 재밌는 품종이다.

장미, 제비꽃, 레드커런트, 버섯, 흙 등의 미묘한 풍미가 사람들의 마음을 사로잡는다. 바롤로와 어깨를 견주는 바르바레스코 역시 피에몬테의 대표적인 와인이고 바롤로보다는 대개 부드러운 특징을 가지고 있다.

피에몬테에서 나오는 바르베라 와인은 산도가 아주 튀는 대신 탄닌이 약한 품종으로 산뜻한 와인이다. 돌리아니라는 레드 와인을 만드는 돌체토 품종은 바르베라와는 반대로 탄닌은 많고 산도는 낮은 품종이다.

피에몬테에서는 우리가 가장 흔히 마시는 모스카토 다스티도 생산되고 있다. 아스티 지역에서 모스카토 품종을 가지고 가볍고 달콤한 스타일의 와인을 만든다.

베네토는 북동부 쪽에 위치해 있으며 코르비나, 론디넬라, 몰리나라를 블렌딩해서 만든 발폴리첼라 와인이 잘 알려져 있다. 발폴리첼라는 가벼운 붉은 과일 풍미를 지니고 산뜻한 맛을 낸다. 이 발폴리첼라를 만드는 품종으로 베네토에서 가장 유명한 아마로네를 생산한다. 아마로네는 포도를 수확하여 3~4개월 정도 말려 농축미를 갖춘 포도를 가지고 만든 와인으로 당분이 높아 도수는 일반 와인에 비해 조금 더 높고 드라이한 와인이다.

레치오토는 아마로네를 만드는 방식으로 만들다가 완전히 발효 시키지 않고 당분을 남겨 달콤하게 만드는 와인이다. 이런 방식으로 만드는 와인이 유명하고 가격이 비싸 좀 더 대중적이고 저렴한 리파소라는 와인도 나오는데 이는 아마로네 혹은 레치오토를 만들고 남은 포도껍질을 활용하여 발폴리첼라 와인에 더해 만드는 저렴하면서 아마로네 풍미를 느낄 수 있다.

베네토의 화이트 와인은 소아베가 잘 알려져 있다. 가르가네가(과일, 꽃 풍미가 좋음) 품종과 샤르도네, 트레비아노(다소 가벼운 풍미의 중성적인 특징) 등이 블렌딩 되어 만들어진다.

베네토의 유명한 프로세코라는 스파클링 와인은 글레라(레몬, 사과, 멜론 풍미가 훌륭함)라는 품종을 사용해서 탱크 방식으로 만든다. 프로세코와 마찬가지로 북부에 스파클링 와인으로 잘 알려진 롬바르디아 지역의 프란차코르타는 전통방식으로 생산하며 샤르도네, 피노 비앙코 등을 블렌딩 한다.

북부와 중부의 경계 에밀리아로마냐는 람부르스코라는 레드 스파클링 와인이 있다. 보통은 달콤함이 조금 느껴지는 스타일의 와인이 많이 만들어지고 있다.

중부의 핵심지역 토스카나에는 산지오베제(산도와 탄닌이 높고 중간 정도의 바디를 가지며 붉은 과일 풍미를 지님)라는 품종이 주로 재배된다. 산지오베제를 필두로 카나이올로 말바지아 등을 블렌딩한 키안티 와인은 토스카나에서 빠질 수 없는 와인이다. 이 지역에서는 좀 더 전통 지역에서 만든 키안티 와인을 키안티 클라시코라고 부른다.

또 하나 토스카나의 최고 와인으로는 브루넬로 디 몬탈치노가 있다. 산지오베제의 변형 품종인 브루넬로로 만들며 이태리 최고의 와인중 하나로 복합미가 아주 훌륭한 와인이다. 마찬가지로 산지오베제의 변형 푸르놀로 만드는 비노 노빌레 디 몬테풀치아노도 역시 훌륭한 와인으로 평가받는다.

토스카나 지역에는 이태리 등급 규정을 지키지 않고 규정에 벗어난 자유로운 스타일과 보르도 블렌딩을 사용해 명성 높은 와인이 있는데 이를 슈퍼 토스카나라고 부른다. 대표적으로 티냐넬로, 사시카이아 등으로 이미 높은 가격이 형성되어 있다.

토스카나 아래 지역인 움브리아는 트레비아노로 만든 오르비에토 와인이 유명하고, 아부르쪼는 몬테풀치아노(산도 높고 탄닌 많고 풍미가 진함)로 레드 와인을 생산한다.

이태리 남부 지역은 대체로 더운 기후 덕에 강렬한 풍미를 지닌 와인들이 많다. 캄파니아에서 생산되는 타우라지는 남부의 바롤로라고도 불리며 알리아니코라는 품종으로 만들어진다. 알리아니코는 탄닌, 산도, 바디가 모두 높은 품종으로 남부의 중요 품종이다.

바로 아래 바실리카타의 알리아니코 델 볼투레 와인 역시 알리아니코 품종으로 만들어지며 타우라지 못지않은 강인함을 지닌 와인이다. 풀리아 지역은 프리미티보로 만드는 만두리아 와인의 명성이 높고 이 프리미티보는 미국의 진판델과 같은 품종이다. 잘 익은 과일, 진하고 말린 과일 풍미가 좋아 와인 자체가 드라이하지만 강렬하면서 농축된 과일 풍미 때문에 달게 느껴진다.

칼라브리아에서는 갈리오포, 말리오코로 생산하는 진한 풍미를 가진 시로 와인이 유명하다. 섬지역인 시칠리아는 이 지역의 토착 품종 네로 다볼라로 와인을 만들고 강렬하지만 섬세하고 밸런스 있는 와인이 만들어진다.

독일

독일은 굉장히 추운 날씨의 국가이다. 그 덕에 자연스레 화이트 와인의 재배가 많고 그중 리슬링이 독일 최고의 품종으로 자리잡고 있다. 독일은 포도의 당분을 가지고 등급을 나누는 와인 법을 만들어 현재까지도 시행하고 있다.

독일 와인 법은 4가지로 구분되는데 타펠바인, 란트바인, 크발리태츠바인 베쉬팀터 안바우게비테, 프레디카츠바인이다.

타펠바인과 란트바인은 비교적 규정이 자유로운 일반적인 와인이라 생각하면 되고, 안바우게비테는 독일의 13개의 지정된 지역에서 생산되어야 하는 와인이다. 가장 높은 분류는 프레디카츠바인으로 포도 수확 당분에 따라 다시 6개로 나누어진다.

카비네트 – 중간 드라이하면서 감미로운 스타일
슈패트레제 – 늦은 수확 포도로 만든 드라이하면서 감미로운 스타일
아우스레제 – 잘 익은 포도를 구별해서 만든 드라이하면서 감미로운 스타일, 드라이한 스타일은 아우스레제까지 만들 수 있다.
베렌 아우스레제 – 귀부영향을 받은 포도를 사용해 만든 달콤한 스타일
아이스 와인 – 추운 날씨로 포도의 수분이 얼고 당분이 농축이 되어 만드는 달콤한 스타일

트로켄 베렌 아우스레제 – 귀부의 정도가 심한 포도로 수확하여 만드는 아주 달콤한 스타일

프레디카츠바인은 포도 수확시 당도에 따라 등급이 나뉘는 것으로 만드는 이에 따라서 완성된 와인은 카비네트가 슈패트레제보다 더 달게 만들 수도 있다.

독일의 주요 품종은 앞서 말했듯 리슬링이다. 대부분의 지역에서 리슬링을 재배하고 있으며 같은 리슬링이지만 지역마다 조금씩 개성있는 스타일이 만들어진다. 그 뒤로 뮐러투르가우(꽃, 과일의 단순미가 느껴짐)와 실바너(향신료, 흙 풍미가 특징)라는 화이트 품종이 잘 재배된다. 레드 품종은 피노 누아가 가장 많이 재배된다. 또 돈펠더라는 진한 레드 품종

도 재배되며 보통은 달콤한 스타일로 와인을 만든다.

와인을 생산하는 13지역이 있지만 주요 지역은 모젤, 라인가우, 라인헤센, 나헤 등으로 밸런스 좋고 훌륭한 리슬링과 뮐러 투르가우, 실바너, 그라우부르군더라는 피노그리 등을 생산한다. 라이헤센의 아래 지역 팔츠는 좀 더 무거운 리슬링을 생산하며 돈펠더가 많이 재배된다.

바덴 지역은 유일하게 피노 누아가 가장 많이 재배되는 지역으로 기후가 따뜻하여 다른 지역에 비해 상대적으로 진한 스타일의 와인이 생산된다. 남동쪽의 프랑컨 지역은 뛰어난 실바너 와인이 생산되며 재배는 뮐러 투르가우가 많이 되고 있다.

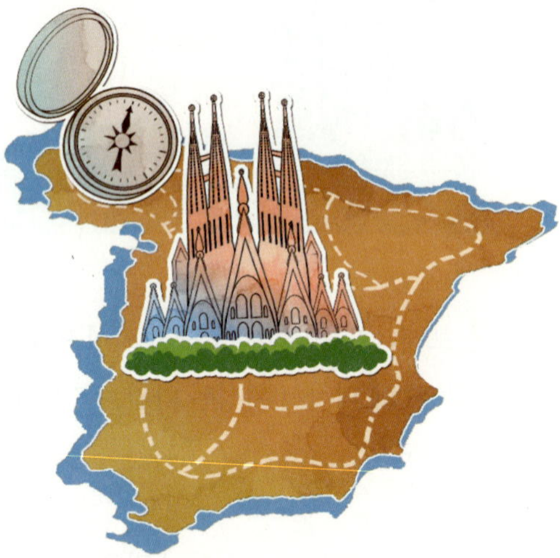

스페인

스페인은 BC1100년경 페니키아인들이 포도 재배를 시작하면서 와인의 역사가 시작되었고 대체로 온화한 기후대의 나라이다. 많은 토착 품종을 재배하고 있으며 한 때는 값싼 와인들을 많이 생산했으나 최근에는 스페인의 넓고 좋은 토양과 우수한 잠재력을 알아보고 많은 양조자들이 스페인에서 최고의 와인을 만들어내고 있다. 스페인의 와인 법 역시 상당히 체계가 잡혀있고 세분화 되어있다.

VdM(Vinos de Mesa)

VdT(Vino de la Tierra)

– 위의 두 개의 등급은 쉽게 일반적인 테이블 와인에서 아래로 갈수록 높은 품질이라 생각하면 이해하면 쉽다

VCIG(Vinos de Calidad con Indicacion Geograficada)

– 프랑스의 VDQS 급이며 5년 이상이 되면 DO 등급을 받을 수 있는 자격이 생긴다.

DO(Denominacion de Origen)

– 원래 스페인의 가장 높은 등급이었다. 프랑스 AOC와 동일한 개념이다.

DOCa(Denominacion de Origen Calificada)

– DO 와인 중 조금 더 고품질의 와인으로 리오하와 프리오라토 지역만 지정되어있다.

VP(Vino De Pago)

– 스페인의 가장 상위 와인 등급으로 조금 더 특별하고 개성 있는 단일 포도밭에 부여된다. 현재 14곳이 존재한다.

스페인의 숙성 규정은 다음과 같이 나누어진다.

	레드 와인	화이트, 로제 와인	오크숙성 레드	오크숙성 화이트, 로제
비노 호벤	X	X	X	X
크리안자	2년	18개월	6개월	6개월
레세르바	3년	2년	12개월	6개월
그란 레세르바	5년	4년	18개월	6개월

리오하와 리베라 델 두에로는 숙성 법규가 조금씩 차이가 난다.

스페인의 품종은 레드는 템프라니오이다. 템프라니오는 검붉은 과일 풍미가 중후하고 산도는 대체로 높지 않으며 알코올과 바디는 높다. 탄닌 역시 그리 강하지 않은 정도의 성격을 가진 품종이다. 또 프랑스 남부 론의 주요 품종인 그르나슈로 스페인에서는 가르나차라고 불린다.

무르베드르(진한 검은 과일 풍미가 특징)는 스페인에서는 모나스트렐로 불리며, 카리녜나 혹은 마수엘로라고 불리는 카리냥이 재배되고 이들 품종과 까베르네 쇼비뇽, 메를로 등도 역시 함께 재배된다.

화이트 품종은 스페인에서는 샤르도네와 쇼비뇽 블랑을 기본으로, 가장 많이 재배되는 아이렌과 비우라 (신선하며 허브한 느낌과 향신료 풍미를 지님)가 있다. 비우라는 스페인에서 마카베우라고도 불린다.

스페인의 지역을 보면 우선 서늘하고 시원한 북서부 쪽의 리아스 바이사스가 있다. 리아스 바이사스는 알바리뇨 품종으로 산도가 높고 산뜻하면서 진한 복숭아 풍미를 가진 와인이 생산된다.

근처의 비에르소는 멘시아라는 토착 품종이 재배되고 진한 과일 풍미가 좋은 와인이 만들어진다.

북서부를 제외한 북부는 대체로 온화한 기후를 가지고 있고 가장 핵심 지역이 리오하와 리베라 델 두에로에서는 스페인 최고의 와인을 생산한다. 템프라니오로 다양한 스타일의 와인을 만들어 내고 가르나차, 까베르네 쇼비뇽, 메를로 등의 와인이 함께 생산된다.

리베레 델 두에로 옆 루에다는 베르데호라는 화이트 품종으로 만든 와인이 유명하다. 베르데호는 가벼운 과일 풍미에 산도 높은 와인을 만든다.

북동부의 프리오라토는 리코렐라라는 독특한 토양을 가지고 있다. 바디감이 무겁고 진한 와인이 주로 만들어진다. 프리오라토 옆 가장 북동부인 페네데스는 까바라는 스파클링 와인으로 유명한데 품종은 파레야다, 자렐로, 마카베우를 블렌딩해서 만든다. 까바는 전통적인 스파클링 와인을 만드는 방식으로 만들어지며 기본적으로 9개월 숙성을 하며 레세르바는 15개월 숙성을 시킨다. 특히나 까바는 가격대비 좋은 스파클링 와인으로 많이 알려져 있다.

스페인의 남부는 대체로 더운 기후다. 가장 넓은 지역의 라만차와 발데

페냐스는 아이렌이 널리 재배되고 템프라니오로 진하고 강렬한 풍미의 와인을 생산한다. 남동부 쪽의 후미야와 예클라는 모나스트렐로 만들어지는 와인이 뛰어나고 그 조금 더 위쪽의 발렌시아는 모스카텔로 만든 달콤한 와인과 템프라니오, 가르나차로 만든 가볍고 품질 좋은 레드 와인이 생산된다.

스페인에서 또 빠질 수 없는 와인은 바로 셰리 와인이다. 스페인 남부 헤레즈라는 지역에서 생산되는 주정 강화 와인으로 팔로미노, 페드로 시메네스, 뮈스카 오브 알렉산드리아를 사용한다. 셰리는 보통 발효를 다 끝내고 알코올을 높이기 때문에 드라이한 스타일이 기본이다. 셰리는 숙성을 시키면서 플로르라는 효모 막이 생성되게 하는데 이 때문에 더 독특한 산화 풍미를 가지게 된다.

포르투갈

포르투갈은 레드, 화이트 여러 와인이 나오지만 비교적 일반적인 스타일의 와인을 한국에서 쉽게 찾아보기는 힘들다. 일반적인 레드, 화이트 와인보다는 포트 와인이라는 주정 강화 와인이 유명한데, 포트 와인은 포르투갈 도우로 지역에서 가장 중요한 와인 산업으로 이는 와인 발효 중간에 증류주를 첨가해서 도수를 높인 달콤한 와인이다.

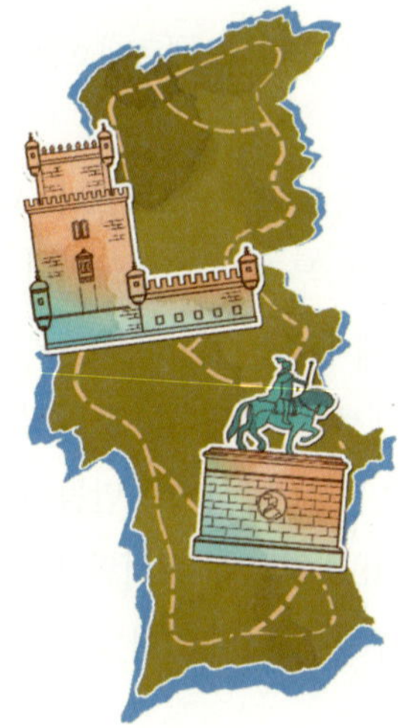

이렇게 만들어진 포트 와인의 풍미는 블랙베리, 블루베리, 건포도, 말린 자두 등 진한 과일 풍미와 헤이즐넛, 커피, 향신료, 토스트, 초콜릿, 바닐라 등 진한 부케를 함께 느낄 수 있다. 포트 와인의 품종은 토우리가 나시오날, 틴타 호리즈(템프라니오), 토우리가 프랑카, 틴토 카웅, 틴토 바호카가 있으며 이들 모두가 포트 와인의 골격을 완성시킨다.

포트 와인의 종류에는 크게 루비 포트와 토니포트가 있다. 루비 포트는 가장 기본적인 포트 스타일 이면서 진한 과일 풍미의 특성이 잘 살아있다, 토니는 상대적으로 연한 색상의 숙성과 산화를 거쳐 견과류, 헤이즐넛 등의 풍미를 좀 더 잘 느낄 수 있는 스타일이다.

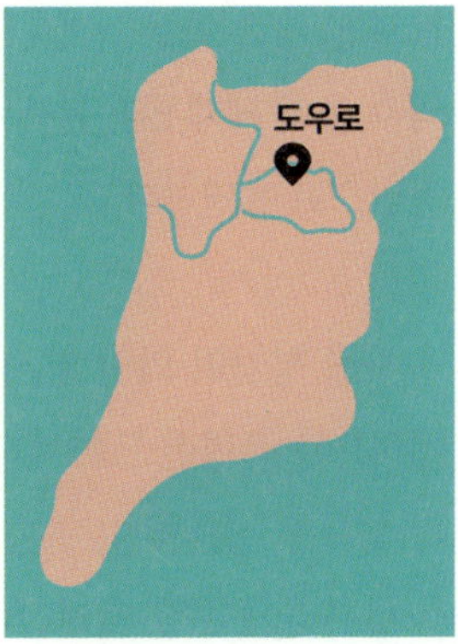

루비 포트와 토니 포트 모두 좀 더 숙성시킨 와인으로 리저브 루비 포트, 10, 20, 30 등으로 연수가 표시된 토니 포트가 나오고 있으며 또 다른 포트 와인 종류로는 병입 전에 숙성을 꽤 시켜 병입을 늦게 시킨 레이트 보틀드 빈티지(LVB)와 콜헤이타라고 하는 단일 빈티지로 만들고 좀 더 오래 숙성시킨 와인이 있다.

포트와인에서 최고로 치는 것은 단연 빈티지 포트와인이다. 좋은 해에 생산되는 단일 빈티지 와인으로 포트 와인의 가장 이상적인 맛을 끌어낸다.

헝가리

헝가리 와인이라고 하면 우리에게 조금 생소하게 다가올 수도 있지만 헝가리의 토카이는 프랑스 소테른과 독일의 트로켄 베렌 아우스레제와 아울러 세계 3대 귀부 와인으로 유명하다.

사실 헝가리 와인 자체를 한국에서 많이 찾아볼 수 없긴 하지만 전 세계적으로 유명한 토카이 와인은 어딜 가든 한두 병은 꼭 볼 수 있다.

헝가리에서 잘 알려진 레드 품종은 레드는 케익프랑코쉬(산도가 높고 무겁지 않으며 향신료 풍미를 가짐)로 품종이다. 그 외에 까베르네 쇼비뇽, 메를로, 피노 누아, 시라 등의 품종도 생산되고 있으며. 화이트는 푸르민트(산도가 높고 레몬, 사과 풍미와 꿀, 버터 등의 풍미) 품종이 유명한데, 토카이 와인을 만드는 품종이기도 하다. 그 외에도 하르쉬레벨루, 살가무쉬코타이 등 조금 낯선 토착 품종들이 많이 재배된다.

가장 유명한 토카이는 북동부에 위치해있으며 토카이 아수, 토카이 에센시아 등의 이름이 붙여 나온다. 아수는 보트리티스 씨네레아에 감염된 포도를 수확해서 달콤하게 만든 와인으로 당분에 따라 3푸토뇨스, 4푸토뇨스, 5푸토뇨스, 6푸토뇨스 등으로 나누어진다.

토카이 에센시아는 이보다 높은 당분을 가지고 있으며 굉장히 희귀하고 비싼 와인이다. 그렇지만 토카이라고해서 무조건적으로 달

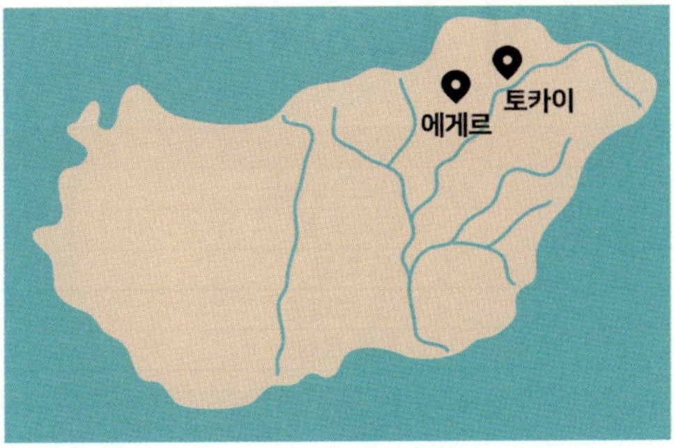

콤한 와인만 생산되는 것은 아니다. 토카이 푸르민트, 토카이 사모르드니 등의 이름으로 약간은 드라이한 스타일의 와인도 함께 생산된다.

레드 와인 역시 북동부 쪽의 에게르 지역의 에그리 비카베르라는 와인이 잘 알려져 있다. 에그리 비카에르는 앞서 말한 레드 품종 케익프랑코쉬로 만들어지며 이 지역의 레드 와인은 황소의 피라는 별명을 갖고 있다.

WINE 그랑 크뤼 클라쎄 61개 와인 리스트

1등급

이름	지역
샤토 라피트 로칠드	포이약
샤토 라투르	포이약
샤토 마고	마고
샤토 오 브리옹	페샥 레오냥
샤토 무통 로칠드	포이약

2등급

이름	지역
샤토 브란 깡뜨냑	마고
샤토 코스 데스투르넬	생테스테프
샤토 뒤크리 보카이유	생 줄리앙
샤토 뒤르포르 비방	마고
샤토 그뤼오 라로즈	생 줄리앙
샤토 라스콩브	마고
샤토 레오빌 바르통	생 줄리앙
샤토 레오빌 라스 까즈	생 줄리앙
샤토 레오빌 푸아페레	생 줄리앙
샤토 몽로즈	생테스테프
샤토 피숑 롱그빌 콩떼스 드 랄랑드	포이약
샤토 피숑 롱그빌 바롱	포이약
샤토 로잔 가시	마고
샤토 로잔 세글라	마고

3등급

이름	지역
샤토 보이드 깡뜨냑	마고
샤토 칼롱 세귀르	생테스테프
샤토 깡뜨냑 브라운	마고
샤토 데스미라일	마고
샤토 디쌍	마고
샤토 페리에르	마고
샤토 지스쿠르	마고
샤토 키르완	마고
샤토 라그랑쥬	생 줄리앙
샤토 라 라귄	오 메독
샤토 랑고아 바르통	생 줄리앙
샤토 말레스코 쌩 텍쥐베리	마고
샤토 마르키 달렘므 베케르	마고
샤토 팔머	마고

4등급

이름	지역
샤토 베이슈벨	생 줄리앙
샤토 브라네르 뒤크뤼	생 줄리앙
샤토 뒤아르 밀롱 로칠드	포이약
샤토 라 투르 카르네	오 메독
샤토 라퐁 로쉐	생테스테프
샤토 마르키 드 떼름므	마고
샤토 푸제	마고
샤토 프리외레 리쉰	마고
샤토 생 피에르	생 줄리앙
샤토 탈보	생 줄리앙

5등급

이름	지역
샤토 바타이에	포이약
샤토 벨그라브	오 메독
샤토 드 까망삭	오 메독
샤토 깡트메를르	오 메독
샤토 클레르 밀롱	포이약
샤토 코스 라보리	생테스테프
샤토 크로아제 바쥐	포이약
샤토 달마이약	포이약
샤토 도작	마고
샤토 뒤 테르트르	마고
샤토 그랑 푸이 뒤카스	포이약
샤토 그랑 푸이 라코스트	포이약
샤토 오 바쥐 리베랄	포이약
샤토 오 바타이에	포이약
샤토 린취 바쥐	포이약
샤토 린취 무사	포이약
샤토 페데스클로	포이약
샤토 퐁테 카네	생 줄리앙

신세계 와인 산지 여행

미국

미국은 18세기 교회 미사용을 목적으로 멕시코산 포도나무를 들여오면서 와인의 역사가 시작되었다. 넓은 지대를 가지고 있지만 핵심적인 와인 생산지는 단 세 곳이다. 바로 캘리포니아, 오리건, 워싱턴이며 그중 캘리포니아는 미국 와인의 90% 이상을 생산하고 여기서 만들어진 와인들은 유럽 어떤 나라의 와인들과 견주어도 품질이 결코 밀리지 않는다.

미국의 와인 법은 AVA라는 포도재배 지역을 규정하는 제도가 존재하는데 세부적인 품질을 규정하지는 않는다. 특별히 양조나 재배에 대한 규정보다는 지역을 나누는 역할을 하는 것이다. AVA 법을 살펴보면 품종은

75%, 빈티지는 95%, 원산지는 85% 이상 포도를 사용해야 표기할 수 있다. 또 각 주마다 조금씩 차이가 나서 비교적 단순하지만 복잡하다.

미국에는 메리티지 와인과 컬트 와인이라는 개념이 있다. 메리티지는 미국에서 보르도 블렌딩으로 만든 와인을 의미한다. 컬트 와인은 프랑스 쌩떼밀리옹, 포므롤의 가라지 와인과 비슷한 개념으로 고품질 소량 생산하는 와인들로 희소가치가 있다. 가라지 와인과 동일하게 특별히 법의 기준으로 만들어지는 것이 아니라 사람들 입에 오르락 내리락 하면서 명성이 만들어진다.

미국 와인의 품종은 역시 아주 다양하다. 까베르네 쇼비뇽, 메를로, 피노누아, 진판델, 샤르도네, 쇼비뇽 블랑(퓌메블랑이라고도 불린다.) 등등 웬만한 품종은 거의 다 재배되고 있다. 진판델은 아주 진한 과일 풍미를 가진 품종으로 알코올도 높다.

먼저 캘리포니아를 살펴보면 크게 북부 중부 남부로 나눌 수 있다. 대체로 더운 기후가 전반적이고 남부로 가면 조금 서늘한 지역도 있다. 북부 해안 지역의 나파와 소노마는 미국 최고의 와인을 생산하는 지역이다. 파워풀하고 농축미 넘치는 고품질의 까베르네 쇼비뇽과 원숙한 메를로, 뛰어난 진판델과 버터리하고 농밀한 샤르도네 와인이 많이 생산된다. 중부와 남부 쪽의 몬테레이와 산타 바바라는 미국에서 가장 우아하고 섬세한 피노 누아와 샤르도네가 만들어진다.

캘리포니아 위쪽의 오리건 지역과 워싱턴은 서늘한 기후로 오리건에서는 부르고뉴에 밀리지 않는 피노 누아 와인이 만들어지고 캐나다와 가까운 워싱턴에서는 리슬링이 주목받고 있다.

프랑스 와인과 미국 와인이 블라인드 테이스팅을 한 재밌는 일화가 하나 있는데 때는 1976년이었다. 샤토 무통 로칠드, 오 브리옹, 뫼르소, 필리뉘 몽라셰 등등 현재까지도 최고의 와인이라는 찬사 받는 프랑스 와인들과 미국 와인의 블라인드 테이스팅 대결의 결과는 레드 화이트 모두 미국 와인이 승리였다.

그 당시 1등 레드 와인은 스태그스 립이었으며 화이트는 몬텔레나였다. 당시 심사위원 대부분이 프랑스인이었다는 점을 감안한다면 이 블라인드 테이스팅 결과는 다소 충격적이었다. 프랑스인들은 이러한 결과에 제대로 인정하지 못했지만 결과적으로 미국 와인이 세계적으로 인정받는 날이 되기도 했다. 이를 파리의 심판이라고 부른다. 파리의 심판 30주년이 되던 2006년에도 당시 대결했던 와인들을 거의 그대로 가지고 와서 한 번 더 맞붙게 되었는데, 결과는 역시 미국 와인의 승리였다.

칠레

칠레는 가격 대비 훌륭한 와인들을 많이 생산해낸다. 북쪽으로는 아카타마 사막이, 남쪽으로는 남극해, 동쪽으로 안데스 산맥, 서쪽으로 태평양이 위치해 있어 기후적으로도 굉장히 안정되어 있다. 빈티지

의 차이가 크지 않아 품질이 일정한 와인을 만들어 내는 것이 칠레 와인의 장점이다.

칠레의 와인 관련 법규는 1995년 제정된 DO법으로 품종이나, 빈티지, 원산지를 레이블에 표기하려면 그에 해당하는 포도 75% 이상을 사용해야 한다. 유럽에 수출하기 위해 유럽 법규를 맞추려고 85% 이상을 사용하는 것이 보통이다.

리제르바 에스페시알, 리제르바, 그란 리제르바 등의 숙성에 따라 가능한 표기가 있지만 법적인 효력이 전혀 없어 와이너리마다 숙성 기간이 제각각이다. 그란 리제르바라고 해서 무조건 오크통 숙성을 오래 거치고 나오지는 않는다는 뜻이다. 단순히 그 와이너리의 기준에서는 다른 와인에 비해 오크 숙성을 더 했구나라는 뜻으로 받아들이면 좋을 것 같다.

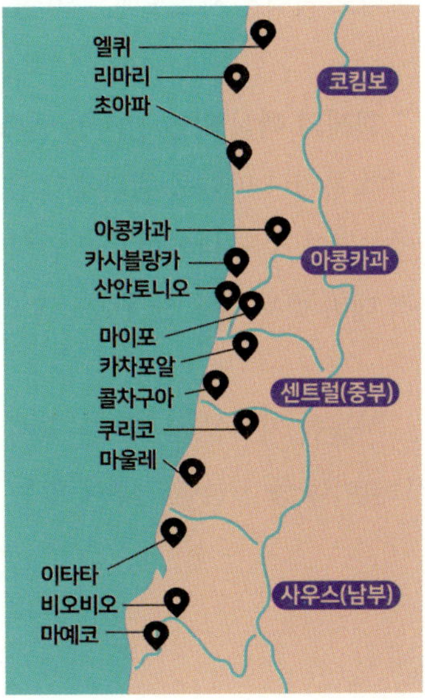

칠레도 환경이 좋아서 다양한 품종을 가리지 않고 재배하지만 특히 까르미네르 품종을 빼고 이야기할 수는 없다. 까르미네르는 한동안은 메를로와 유사해서 동일한 품종으로 여겨지기도 했으나 엄연히 다른 품종이다. 보르도에서 분명 시작된 품종이기는 하는 지금은 칠레의 품종으로 더 많이 알려져 있다. 까르미네르는 메를로와 유사한 특징이 많긴 하지만 색상이 진하고 탄닌도 많이 가지고 있으며 허브한 풍미와 검붉은 과일 풍미도 잘 나타낸다.

칠레는 크게 4지역으로 구분될 수 있다. 북쪽에서부터 코킴보(엘퀴, 리마리, 초아파). 아콩카과(아콩카과, 카사블랑, 산안토니오), 센트럴 밸리(마이포, 카차포알, 콜차구아, 쿠리코, 마울레). 사우스(이타타, 비오비오, 마예코)로 나누어진다.

코킴보 지역은 조금 서늘한 지역으로 뛰어난 샤르도네와 쇼비뇽 블랑이 리마리 지역에서 유명하고 그 외는 무겁지 않은 섬세한 스타일의 시라, 까베르네 쇼비뇽 등의 와인이 생산된다.

아콩카과는 묵직한 과일 풍미가 잘 느껴지는 까베르네 쇼비뇽과 시라, 메를로 등의 와인이 만들어진다. 특히 아콩카과 안의 카사블랑카와 산 안토니오 지역은 샤르도네, 쇼비뇽 블랑 화이트 와인이 명성이 높다.

칠레의 핵심 와인 산지인 센트럴 밸리에서는 많고 다양한 품종이 재배되며 특히나 마이포 밸리에서 생산되는 레드 와인이 유명하다. 카차포알, 콜차구아 등도 다양한 스타일의 와인이 생산되고 쿠리코나 마울레는 가격 대비 좋은 대량 산지로도 잘 알려져 있다.

서늘한 지역인 사우스는 역시 피노 누아, 샤르도네, 리슬링, 게뷔르츠트라미너 등 서늘한 기후에 맞는 섬세한 느낌의 와인을 많이 생산한다.

아르헨티나

칠레 바로 옆에 아르헨티나는 요즘 가장 주목받고 있는 와인 산지 중 하나이다. 칠레와 비슷하게 기다란 지형을 가지고 있는 국가이지만 조금 더 면적이 넓다. 칠레와 마찬가지로 아르헨티나 역시 다양한 품종이 다양한 스타일의 와인이 많이 생산되는 곳으로 가격 대비 품질이 우수하다.

아르헨티나에서 알아둘만한 품종은 말벡과 토론테스가 있다. 말벡은 까베르네 쇼비뇽과 비슷하게 색상이 진하고 많은 탄닌과 무거운 바디를 가진 품종이다. 뚜렷한 검붉은 과일 풍미와 향신료 풍미가 잘 느껴지는 것이 특징이다. 화이트 품종인 토론테스는 비오니에와 닮았다. 진한 과일, 꽃 풍미와 산도도 중간 정도를 지닌 품종이다.

아르헨티나는 크게 7개의 지역으로 구분할 수 있는데, 북쪽에서부터 살타, 카타마르카, 라 리오하, 산 후안, 멘도사, 네우켄, 리오 네그로 지역이다. 여기서 산 후안과 멘도사가 아르헨티나 대부분의 와인이 생산되는 곳으로 특히 멘도사가 압도적이다.

살타는 높은 지대에서 와인이 생산되어 굉장히 서늘하면서 섬세하고 은은한 풍미의 말벡, 까베르네 쇼비뇽, 시라 등이 재배된다. 화이트 역시

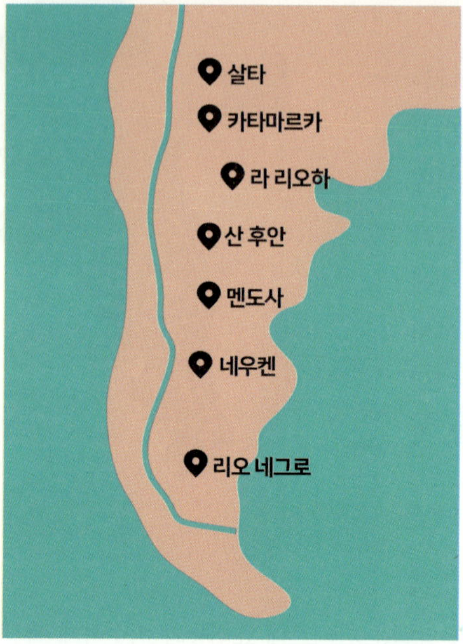

무겁지 않으면 풍부한 토론테스와 샤르도네 와인이 생산된다.

카타마르카와 라 리오하는 까베르네 쇼비뇽, 시라, 말벡, 토론테스 등 여러 스타일의 와인이 나오는 지역이다.

산 후안은 원래는 샤르도네, 슈냉 블랑, 쇼비뇽 블랑 등 화이트를 주력으로 생산했으나 이제는 레드 와인도 만만치 않게 생산하고 까베르네 쇼비뇽, 메를로, 말벡, 피노 누아 등이 재배된다.

가장 핵심 지역인 멘도사는 두말할 것 없이 뛰어난 말벡 와인이 나오며 그 외에 여러 훌륭한 레드 품종의 와인들이 만들어진다. 화이트도 토론테스, 샤르도네, 쇼비뇽 블랑 등 농밀하고 뛰어난 와인들이 생산되며 멘도사 안에서도 특히나 마이푸, 루한 데 쿠요 지역이 명산지로 통한다.

남쪽에 위치한 네우켄과 리오 네그로는 서늘한 지역으로 피노 누아, 쇼비뇽 블랑, 토론테스 등을 많이 재배하고 레드보다는 화이트가 더 주력이다. 이 곳은 스파클링 와인 역시 생산된다.

남아프리카 공화국

남아프리카 공화국은 와인 생산으로는 이미 오랜 전통을 갖고 있는 나라이다. 넓은 영토를 가지고 있지만 주로 남서쪽에서 와인 생산이 많이 되고 W.O라는 와인 법이 존재한다. 레이블 표기시 품종은 85%, 빈티지도 85%, 원산지는 100% 여야 한다.

기후적인 특징은 보통 더운 기후이지만 뱅겔라 해류 덕분에 충분히 열을 식힐 수 있는 환경이 조성되어 있다. 남아프리리카 공화국의 품종은 피노 타쥐와 슈냉 블랑을 빼놓을 수 없다.

피노 타쥐는 피노 누아와 쌩소 품종의 교배로 검붉은 과일 풍미를 잘 가지고 있으면서도 향신료나 흙의 풍미가 뚜렷하다. 그 외에 레드 품종으로는 까베르네 쇼비뇽, 메를로, 시라, 등이 잘 재배된다. 남아프리카 공화국에서 스틴이라고 불리는 슈냉 블랑은 이곳에서 가장 많이 재배가 되면서 드라이한 와인, 스위트한 와인 구분 없이 여러 스타일로 생산한다. 슈냉 블랑 외에도 품질 좋은 쇼비뇽 블랑, 콜롬바(신선한 과일 풍미를 지님), 샤르도네 등이 생산된다.

남아프리카 공화국은 와인 생산 지역이 크게 지방, 지역, 구의 개념으로 나누어지는데 지방의 개념에서는 크게 코스탈 리전, 브레이드 리버 밸리, 케이프 사우스 코스트로 나뉜다. 코스탈 리전 안의 스텔렌보쉬는 남

아프리카 공화국 최고의 와인 산지로 보르도 스타일의 와인을 주로 만들고 품질 좋은 까베르네 쇼비뇽, 시라, 메를로 등이 생산된다. 화이트는 샤르도네와 쇼비뇽 블랑 위주로 생산된다.

브레이드 리버 밸리의 우스터와 로버트슨 지역은 대량생산 와인으로 유명하고 시라와 쇼비뇽 블랑, 콜람바 등의 품종이 잘 재배된다.

케이프 사우스 코스트의 워커베이는 서늘한 기후 덕분에 피노 누아, 샤르도네, 쇼비뇽 블랑 등의 섬세하고 우아한 스타일을 많이 생산하고 있다.

특별히 지방에 속하지 않고 따로 구에만 속하는 콘스탄시아는 쇼비뇽 블랑으로 유명하며, 뱅 드 콩스 탕스라는 훌륭한 디저트 와인으로 명성이 높다.

오스트레일리아

오스트레일리아는 신세계 국가 중에서도 짧은 시간에 비약적인 와인 산업의 발전을 이룬 나라이다. 드넓은 땅의 각양각색 지역에서 수많은 와인들이 쏟아져 나온다. 오스트레일리아는 웨스턴 오스트레일리아, 퀸즈랜드, 사우스 오스트레일리아, 뉴 사우스 웨일즈, 빅토리아, 태즈매니아 지역으로 와인 생산지를 구분할 수 있다.

오스트레일리아 와인 법규는 GI 법으로 품종, 빈티지, 원산지의 포도가 85%이상 사용되어야 레이블에 표기가 가능하다. 오스트레일리아에서는 거의 모든 품종이 재배되기에 특정 품종이 좋다는 말을 논하기는 어렵지만 절대 빠질 수 없는 품종은 바로 쉬라즈다. 모든 지역에서 쉬라즈 생산이 이루어지고 그 특징이 다채로워 쉬라즈의 천국이라 불릴만하다. 까베르네 쇼비뇽, 메를로, 그르나슈, 무르베드르 등도 쉬라즈와 함께 많이 재배된다. 화이트는 세미용, 샤르도네, 리슬링을 필두로 생산되고 있다.

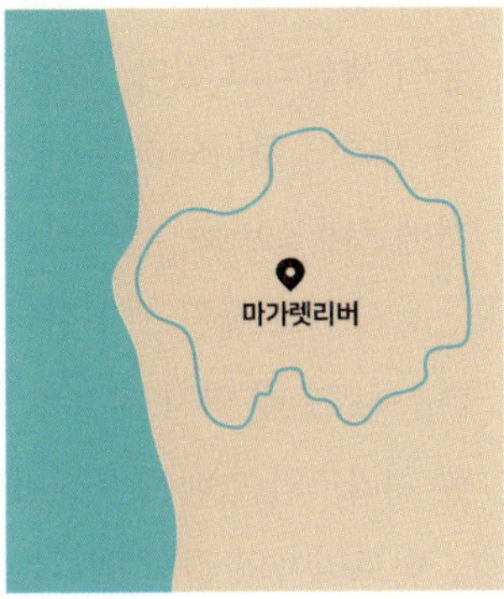

가장 서쪽 웨스턴 오스트레일리아의 마가렛 리버는 보르도와 기후가 비슷해서 보르도 스타일의 와인이 만들어지고 까베르네 쇼비뇽, 메를로, 샤르도네가 널리 재배된다. 은은한 스타일에서 강렬한 스타일까지 여러 스타일의 와인이 생산된다.

사우스 오스트레일리아의 바로사 밸리

는 진한 풍미의 쉬라즈의 중심 산지로 그르나슈, 무르베드르, 까베르네 쇼비뇽 역시 풍성하고 진한 스타일의 와인이 만들어진다. 에덴밸리와 클레어 밸리는 리슬링 품종으로 가장 유명하고 숙성 되었을 때는 느낄 수 있는 페트롤 향이 뚜렷한 고급 리슬링을 만든다.

애들레이드 힐스는 서늘한 지역으로 피노 누아, 샤르도네, 쇼비뇽 블랑 등이 생산되고 있다. 스파클링 와인으로도 잘 알려져 있으며, 조금 더 아래 지역인 쿠나와라는 테라로사라는 붉은 토양이 유명하고 구조감 좋은 까베르네 쇼비뇽, 쉬라즈 와인이 만들어진다.

뉴사우스 웨일즈의 헌터밸리는 복합미 좋은 세미용 와인으로 유명하다. 샤르도네 역시 세미용 못지않게 품질을 인정받고 있으며 레드는 농밀한 쉬라즈와 까베르네 쇼비뇽이 만들어 진다.

빅토리아의 골번 밸리는 농축미 좋은 샤르도네, 루산, 마르산, 비오니에 와인과 바로 오른쪽 루더글렌은 뮈스카로 만들어진 주정 강화 와인으로 유명하며 특유의 말린 과일, 견과류 풍미가 일품이다.

좀 더 아래의 절롱, 야라밸리, 모닝턴 반도 지역은 섬세하고 복합미 좋은 피노 누아, 샤르도네를 생산한다.

빅토리아 바로 밑으로 태즈매니아 섬은 호주에서 가장 서늘한 지역이다. 스파클링 와인이 만들어지며 리슬링, 피노 그리, 쇼비뇽 블랑 와인을 생산한다.

뉴질랜드

뉴질랜드의 와인 생산은 비교적 다른 나라에 비해서 늦었지만 그 성장세는 호주 못지 않게 뛰어나다. 뉴질랜드는 대부분 서늘한 기후를 가진 지역이 많다. 와인 법규로 GI 법이 있으며 품종, 빈티지, 원산지의 포도를 85% 사용해야 레이블에 표기할 수 있다. 또 뉴질랜드 와인은 코르크 마개 대신 거의 대부분 스크류캡을 사용하는 것으로 알려졌다.

뉴질랜드의 품종은 단연 레드는 피노 누아, 화이트는 쇼비뇽 블랑이다. 뉴질랜드는 쇼비뇽 블랑의 요새 같은 곳으로 이제는 전 세계에서 가장 유명한 쇼비뇽 블랑 와인을 만드는 나라이다. 뉴질랜드의 쇼비뇽 블랑은 강렬한 풀과 잔디 등의 허브한 느낌을 가지며 뉴질랜드 쇼비뇽 블랑만의 독특한 매력을 발산한다. 그와 함께 품질 좋은 샤르도네, 리슬링, 피노 그리도 쇼비뇽 블랑 못지않게 인기가 많이 오르고 있다. 레드 와인은 피노 누아가 전반적으로 재배되고 잘 익고 농축미 있는 붉은 과일 풍미가 좋은 스타일의 와인이 생산된다.

뉴질랜드는 크게 북섬, 남섬으로 나누어져 있으며 북섬에는 비교적 따뜻한 지역인 오클랜드에서 까베르네 쇼비뇽, 메를로, 시라가 잘 재배되고 그 아래 기즈번에서는 훌륭한 샤르도네 와인이 생산된다. 조금 더 아래 지역인 호크스 베이는 보르도 스타일의 와인으로도 잘 알려져 있으며 다양한 품종으로 여러 스타일의 와인을 생산한다. 북섬의 가장 아래인 와이라라파는 품질 좋은 농익은 피노 누아 와인이 유명하다.

뉴질랜드 통틀어 가장 유명한 지역은 남섬의 말보로이다. 가장 훌륭한 쇼비뇽 블랑과 피노 누아의 재배지로 스파클링 와인도 많이 생산된다. 그 외에 샤르도네, 리슬링, 피노 그리도 품질이 뛰어나다.

말보로 아래의 캔터베리 지역은 피노 누아, 샤르도네와 특히 리슬링의 명성이 높다. 남섬의 가장 아래 지역인 센트럴 오타고는 무거운 바디의 피노 누아 와인이 생산된다.

부록

와인 공부를 더 하고 싶다면

대체로 대학교, 아카데미, 문화센터, 스터디 모임 등에서 와인을 배울 수 있지만 사실 한국에서 와인을 배울 수 있는 곳은 그렇게 많지가 않다. 한국은 국가에서 인정해주는 와인 자격은 없을뿐더러 와인 관련 협회가 많아 저마다 자격 발급의 기준이 다르다. 협회에서 자격증을 따는 것을 제외하고는 보통은 아카데미에서 와인을 공부하기에 좀 더 제대로 체계적으로 와인을 배우려는 분들을 위해 교육기관을 세 곳을 소개한다.

와인 비전 : 02-514-1855
WSA 와인 아카데미 : 02-516-3773
김준철 와인 스쿨 : 02-3444-7600

와인 비전과 WSA 와인 아카데미는 전 세계적으로 가장 큰 와인 교육기관인 WSET의 교육 프로그램을 공급하는 아카데미이다. WSET는 영국에서 시작되어 현재 62개국에서 19개의 언어로 진행되는 와인 프로그램으로 영국 정부에서는 이미 국가 공인 자격을 획득했다. 김준철 와인 스쿨은 오래전부터 한국에서 와인 강의를 진행해오신 김준철 원장님이 직접 강의하시는 아카데미로 소믈리에 코스, 마스터 코스 양조학 코스 등을 개강한다.

아카데미의 가장 큰 장점은 와인을 제대로 체계적으로 배울 수 있다는 점이지만 대부분 강의료가 생각보다 많이 비싸다. 이럴 경우에는 굳이 아카데미를 선택하기보다는 내가 살고 있는 지역의 대학교 평생교육원, 백화점 문화센터, 와인 스터디 모임 등으로 배워보는 것도 추천해본다. 상대적으로 조금 더 저렴한 비용으로 배울 수 있다.

이런 것조차 번거롭다면 책을 통해 와인을 공부할 수 있으며 실제로 내가 와인을 공부하면서 유용하게 읽었던 책들을 몇 권 함께 소개해본다.

인포그래픽을 활용한 와인 책

· 와인이 좋아
· 와인 테이스팅 코스
· 와인 폴리
· 15일만에 끝내는 와인의 모든 것

– 네 권 모두 복잡하고 다양한 와인에 관한 내용을 좀 더 접근하기 쉽게 와인에 관한 정보, 데이터, 지식을 시각적으로 표현해서 좀 더 독자의 이해를 도우는 책들이다. 네 권 모두 와인을 즐기기위한 유용한 지식들을 많이 다루고 있어 누구든 처음 읽기에 부담이 없다.

에세이처럼 편안한 와인 책

- 와인의 정석
- 보통 날의 와인
- 참 쉬운 나의 첫 번째 와인 가이드
- 한 권으로 끝내는 와인 특강
- 와인력

– 모두 편안한 에세이처럼 와인을 다루고 있어 막힘없이 쉽게 읽을 수 있다. 내용 또한 와인 전반에 관한 내용을 고루고루 다루고 있고 결코 가볍지만은 않은 지식을 다루고 있어 좀 더 와인 지식의 깊이를 느낄 수 있는 책들이다. 특히나 와인력은 와인에 대한 그동안 잘못 알려지고 사람들이 오해하는 지식과 상식들을 명쾌하게 풀어 준 책이다.

테이스팅 실력을 기르기 좋은 와인 책

- 와인 테이스팅 노트 따라하기
- 와인 테이스팅의 이해
- 와인 시음학
- 맛있는 와인의 비밀

– 와인 테이스팅 실력을 기르고 싶다면 위에 네 권의 책이면 실전은 아니더라도 이론은 누구에게도 뒤처지지 않게 공부할 수 있다. 와인 색, 향, 맛의 근원을 찾아보고 폭넓은 표현을 익힐 수 있으며 다양한 와인 테이스팅 스킬을 공부할 수 있다.

와인 여행을 위한 책

- **프랑스 와인 여행**
- **뚜벅뚜벅 와인로드**
- **감우성의 아주 소박한 와인수첩**
- **김혁 와인 기행 시리즈**

– 와인 여행을 주제로 한 책으로 와인 여행에 관한 많은 정보와 이야기들을 담고 있다. 와인 여행을 꿈꾸는 사람이라면 위의 책들을 꼭 읽어보자. 비교적 최근에 출판된 프랑스 와인 여행은 프랑스 와인 여행을 준비한다면 필독서로 읽어보라 권하고 싶다.

심화 공부를 위한 와인 책

- **캐런 맥닐의 더 와인 바이블**
- **김준철의 와인**

– 두 권다 한국에서 와인이란 내용으로 이보다 방대하게 다룬 책은 없을 정도의 내용을 담고 있는 책들이다. 완전히 와인을 처음 공부하는 사람들이기 읽기에는 조금 힘들 수 있지만 서서히 와인에 대해 알아가고 더 많은 와인의 세계에 욕심이 난다면 두 권 모두 추천한다.

단 한 권의 책을 추천한다면

· 캐빈즈 랠리의 와인 바이블

– 내게 와인 공부의 흥미를 느끼게 해 준 결정적인 책으로 기본 내용에 충실하면서도 핵심적인 부분을 모두 다루고 있어 명료하면서도 다양한 와인의 세계를 만날 수 있는 책이다. 단 한 권을 책을 고른다면 이 책을 고르고 싶다.

콘차이 토로 돈 멜초
(Concha y Toro Don Melchor)

잊지 못 할 마지막 와인은 나의 인생 와인을 이야기해 보려고 한다. 와인을 즐기는 이들이라면 누구에게나 인생 와 인 한 병쯤은 있다. 누군가에게는 최고의 맛이었기 때문일 수도 있고 누군가에게는 최고로 비싼 와인이었기 때문일 수도 있다, 누군가에는 정말로 좋은 사람들과의 추억이 담겨있기 때문일 수도 있다. 인생 와인이라는 사전적인 정확한 의미는 없지만 대부분은 최고로 맛있게 마셨던 와인을 인생 와인이라고 표현하는 것 같다. 지금까지 나에게 그런 와인을 딱 한 병 꼽으라면 바로 칠레 콘차이 토로의 돈 멜초이다.

돈 멜초는 이미 칠레 최고의 와인으로도 잘 알려진 와인이며 시작은 1987 빈티지부터이다. 돈 멜초의 자랑을 늘어놓으면 입만 아픈 꼴이다. 내가 이 와인을 인생 와인으로 꼽은 이유는 나에게 최고의 맛을 알려준 와인이기 때문이다. 와인의 스토리, 가치, 가격 등 외부적인 요인을 최대한 배제하고 정말 순수하게 맛만으로 내 기준에서는 돈 멜초가 내가 지금껏 마신 와인 중에 가장 맛있었다. 가장 맛있었다는 말은 곧 이런 스타일의 와인이 나의 취향이라는 의미이기도 하다.

돈 멜초를 처음 마신 것은 대학교 2학년 때의 일이다. 한창 학기 수업을 열심히 듣고 방학이 얼마 남지 않아을 때 와인 동아리 활동을 시작했다. 동아리 활동비로 몇가지 와인을 구입하고 마지막으로 돈 멜초 역시 함께 리스트에 넣어 구입했다. 학기는 마치고 동아리 활동도 거의 끝나갈 무렵 남은 와인을 얼른 테이스팅 해보자고 학교 강의실에서 몇몇의 친구들과 함께 모여 돈 멜초 와인을 비롯해 몇 가지의 와인을 더 오픈했다.

오픈한 와인을 다 테이스팅 해보고 나는 마지막으로 돈 멜초를 테이스팅 했는데 그날 난 그렇게 인생 와인을 만났다. 풍성하게 올라오는 검붉은 과일 향과 그윽한 오크, 토스티함의 균형이 너무나 좋았다. 무엇보다 돈 멜초의 맛이 오래도록 각인된 건 풍부한 탄닌 속에 그 특유의 부드러움과 매끄러운 질감 때문이었다. 단 한 번도 와인에서 이런 질감을 느껴보지 못했는데, 그때의 그 부드러움이 혀를 매료시켜 돈 멜초의 맛을 완전히 뇌리에 각인시켰다. 돈 멜초를 마시면서 와인이 너무너무 맛있다는 말을 수십 번은 했던 것 같다. '돈 멜초가 이런 맛이구나' 하면서 그 한 병을 두고 1시간을 넘게 테이스팅 하면서 계속 감탄을 했다.

그 이후로도 몇 차례 돈 멜초를 마셨지만 마실 때마다 나의 와인 취향은 딱 돈 멜초라고 자신 있게 말할 수 있겠다는 생각이 들었다. 정말 순수하게 맛으로 나에게 최고의 와인을 뽑으라면 여전히 나는 돈 멜초를 말한다. 어쩌면 앞으로 많은 시간이 지나고 와인을 즐기면서 인생 와인이 바뀔지는 모르겠지만 돈 멜초는 여전히 나의 첫 번째 최고의 와인이라는 사실은 변함없을 것이다.

부록

와인의 향기를 더 그윽하게 만들어주는 시대의 어록들

한 병의 와인에는 세상의 그 어떤 책보다 많은 철학이 담겨있다.

– 파스퇴르 –

승리했을 때는 샴페인을 터트릴 가치가 있지만,
패배했을 때도 위로의 샴페인이 필요하다.

– 사바린 –

와인을 마셔라, 시를 마셔라, 순수를 마셔라.

– 보들레르 –

좋은 와인이란 무엇인가? 미소로 시작해서 미소로 끝나는 와인이다.

– 윌리암 소콜린 –

샹베르땡 와인 한 잔을 바라보는 것만큼
미래를 장미 빛으로 만드는 것은 없다.

– 나폴레옹 –

와인은 침묵의 잔을 채우는 음악과 같다.

– 플립 로버트 –

와인은 슬픈 사람을 기쁘게 하고, 오래된 것을 새롭게 하며,
살아있는 영감을 주는 동시에 일상의 피곤함을 잊게 한다.

– 바이런 –

신은 물을 만들었지만 인간은 와인을 만들었다.

– 빅토르 위고 –

나는 오래된 것은 모두 좋다. 오래된 친구, 오랜 세월,
오래된 관습, 오래된 책, 오래된 와인

– 올리버 골드스미스 –

와인은 점잖은 사람을 떠들게 만들고,
진지한 사람을 웃게 만드는 재능이 있다

– 호머 –

특별한 날에 와인을 마시는 것이 아니라
그 와인을 마시는 날이 특별한 날이다.

– 영화 사이드웨이 –

와인 맛에 정답이 어디 있나요?
함께 즐길 수 있다면 그걸로 된거죠.

– 잰시스 로빈슨 –

좋은 식사 자리에는 언제나 좋은 음식,
좋은 와인 그리고 좋은 사람이 있다.

– 장대호 –

부록

와인 테이스팅 노트

〈1차 향〉

과일	레몬, 오렌지, 자몽, 사과, 모과, 구즈베리, 배, 복숭아, 파인애플, 망고, 블랙 커런트, 레드 커런트, 블랙베리, 블루베리, 딸기, 산딸기, 자두, 체리, 크랜베리, 무화과, 건포도 등
꽃	아카시아, 제비꽃(바이올렛), 장미, 캐모마일, 국화, 라일락, 딱총나무 꽃(엘더플라워) 등
허브 / 식물	피망, 잔디, 아스파라거스, 블랙커런트 잎, 박하, 민트, 유칼립투스 등
향신료	후추, 감초, 월계수, 계피 등
광물	부싯돌(미네랄), 젖은 돌, 분필 등

〈2차 향〉

효모, 젖산발효	효모, 비스킷, 빵, 우유, 버터, 요구르트, 토스트, 치즈 등

〈3차 향〉

오크 숙성	바닐라, 정향, 육두구, 코코넛, 삼나무, 훈제, 초콜릿, 커피, 토피, 아몬드 등
병 숙성	말린 과일, 휘발유, 가죽, 버섯, 건초, 숲, 흙, 야생동물, 젖은 잎, 담배, 사향 등

〈결점 향〉

결점	젖은 걸레, 아세톤, 젖은 신문지, 삶은 양배추, 썩은 달걀, 하수구, 이끼, 상한 버터, 썩은 물 등

〈시각〉

레드 와인의 색상	보라색 - 루비색 - 적벽돌색 - 갈색
화이트 와인의 색상	레몬색 - 황금색 - 호박색 - 갈색

〈후각〉

향의 강도	약한 - 중간- 강한
향 특징	

〈후각〉

당도	드라이 - 중간 드라이 - 스위트
산도	낮은 - 중간 - 높은
탄닌	적은 - 중간 - 많은
바디	가벼운 - 중간 - 무거운
알코올	낮은 - 중간 - 높은
여운	짧은 - 중간 - 긴
풍미 특징	

〈결론〉

결론	

- 중간 산도 ~ 높은 산도 표현 – 날카로운, 찌르는, 시큼한, 상쾌한 등
- 낮은 산도~ 중간 산도 표현 – 싱거운, 밍밍한, 편평한, 선선한, 부드러운, 등

- 중간 탄닌 ~ 높은 탄닌 표현 – 거친, 텁텁한, 강한, 예리한, 뻣뻣한, 매끄러운, 벨벳같은 등
- 낮은 탄닌 ~ 중간 탄닌 표현 – 약한, 유연한, 부드러운, 등

- 바디의 추가 표현 – 힘없는, 연한, 부드러운, 매끄러운, 꽉 찬, 진한 등
- 알코올의 추가 표현 – 약한, 가벼운, 따뜻한, 온화한, 타는 듯한, 화끈거리는, 쓴 등

WINE

참고문헌

와인력 맷 크레이머/바롬웍스
와인 김준철/백산출판사
와인의 정석 고창범/산지니
와인의 교본 코지마 하야토/(주)교문사
와인 테이스팅 코스 마니 올드/시그마북스
맛있는 와인의 비밀 최해욱/광문각
와인 테이스팅 노트 따라하기 뱅상 가스니에/바롬웍스
15일 만에 끝내는 와인의 모든 것 김만홍/여백미디어
한 권으로 끝내는 와인 특강 전상헌/(주)도서출판 예문
보통 날의 와인 박찬일/나무[수]
아시아인의 와인 마스터 지니 조 리/가산북스

사진 출처/pixabay.com

에필로그

길고도 짧은 와인 이야기가 끝이 났다. 읽어준 이야기를 스스로 천천히 돌이켜보니 아직도 해주고 싶고, 읽어주고 싶은 이야기가 너무나 많다. 사실 글을 쓰는 내내 이 끝없는 와인 이야기를 어디부터 시작해서 어떻게 끝을 낼 것인가 고민이 정말 많았다. 까베르네 쇼비뇽 품종 하나 이야기만으로도 책의 절반을 채울 수 있고, 프랑스 와인 이야기 하나 하는 것만으로도 책 한 권의 지면을 다 채울 수 있다. 그만큼 와인의 세계는 폭넓고 깊다. 그렇다고 내 욕심에 온갖 이야기를 갖다 붙이자니 흐름이 너무 길어지고 더 단순화하자니 하지 못한 이야기가 너무 많아 글을 써나가는 게 쉽지 않았다.

그럴 때일수록 내가 처음 캐빈즈랠리의 와인 바이블을 읽었을 때의 기억을 떠올렸다. '독자를 머리 아프게 하지 말고 큰 맥락으로 와인을 이야기하자' 단순한 법칙을 좀 더 확고히 지키기 위해 노력했다.

복잡하고 수려한 표현을 쓰기보다 최대한 큰 맥락으로, 큰 흐름으로 와인이라는 술을 읽을 수 있게 더 접근하기 쉽게 쓰고자 했다. 프롤로그에서 밝혔듯이 모든 사람을 만족시킬 수는 없겠지만 최소한 와인을 어느 정도 알고 싶다는 마음이 드는 사람이 이 책을 다 읽고 덮었을 때 꽤 마음에

드는 책으로 기억되었으면 한다는 나의 이 마음이 독자들에게 온전히 고스란히 잘 전달되었으면 좋겠다. 이 책으로 와인에 조금이나마 관심이 생긴 분들이 자발적으로 보다 더 많은 와인을 접해보고 다양한 와인을 알아나갔으면 좋겠다.

끝으로 세상에서 가장 맛있게 와인을 마시는 방법을 독자 여러분들에게 살짝 알려주고 나의 와인 이야기를 끝마칠까 한다. 세상에서 가장 와인을 맛있게 마시는 방법은 아주 비싼 와인을 마시는 것이다. 이미 마시기 전에 와인이 맛있다고 느껴질 것이다. 이보다 조금 더 맛있게 마시는 방법은 근사한 분위기에서 와인을 마시는 것이다. 요리도 함께라면 말할 것도 없다. 근사한 분위기와 맛있는 요리를 뛰어넘어 더 맛있게 와인을 마시는 방법은 와인을 아는 사람들과 마시는 것이다. 어떤 와인인지는 별로 중요하지 않다. 이미 와인 이야기를 나누는 그 분위기는 행복할 것이다. 마지막으로 이 모두를 뛰어넘는 세상에서 가장 맛있게 와인을 마시는 방법은 내가 좋아하는 사람들 혹은 내가 사랑하는 사람과 마시는 와인이다.

와인을 마셔오면서 깨우친 깨달음이 있다면 와인은 늘 그 자리를 빛내주지만 그런 와인을 빛내주는 건 언제나 사람이었다. 와인을 알아간다는 것을 넘어 와인을 마신다는 것은 어떤 와인인지 보다 어떤 사람이 중요했다. 우리의 삶에서 아마 매일같이 세상에서 가장 맛있는 와인을 마실 순 없겠지만 우리는 이제 그 방법을 알았다. 이미 알고 있었든 알고 있지 못했든 이 페이지를 넘기고 책장을 덮는다면 오늘은 무조건 세상에서 가장 맛있는 와인을 마셔보자.

홍콩 와인 박람회에 다녀온 후
코즈웨이베이에서 맥주를 마시며...

우연한 계기로 대학에서 식음료를 배우고 그 인연의 길을 아직 걸어가고 있다. 그 길 따라 만난 와인이 좋아서 사람이 좋아서 더 많은 사람에게 와인을 알리고자 글을 쓴다. 그 길의 끝에 사회적 약자를 도우며, 식음료 문화를 이끌어 나갈 수 있는 교육자를 꿈꾼다.

인생 최종 목표는 열렬히 사랑하는 사람에게 마음을 빼앗기고, 삶과 앎을 동시에 일깨워주는 책 속에 파묻혀 머리를 빼앗기고, 다채로운 매력을 지닌 와인 한 병에 스며들어 코와 입을 빼앗기는 것. 한마디로 사랑하는 사람과 평생 함께 책을 읽으며 또 와인을 마시며 행복하게 살아가는 것이다.

wavejdh@naver.com

WINE 와인 읽어주는 남자

초판 인쇄 2018년 2월 23일
초판 발행 2018년 2월 28일

지은이 장대호
펴낸이 김재광
펴낸곳 솔과학
영 업 최희선
제 본 동신
등 록 제10-140호 1997년 2월 22일
주 소 서울특별시 마포구 독막로 295번지 302호(염리동 삼부골든타워)
전 화 02)714-8655
팩 스 02)711-4656
E-mail solkwahak@hanmail.net

ISBN 979-11-87124-33-7(93570)

값 19,000원